世界遺産となったアブシンベル神殿の4体のラムセス2世像

ツタンカーメンの「黄金のマスク」（当時のエジプト考古学博物館）

ルクソール市、カルナック神殿第1中庭のパネジェムの巨像（パネジェムは第21王朝時代の大司祭）

3つのピラミッドとラクダに乗って楽しむ由美子さん（左・仁太《じんた》の妹）と妻

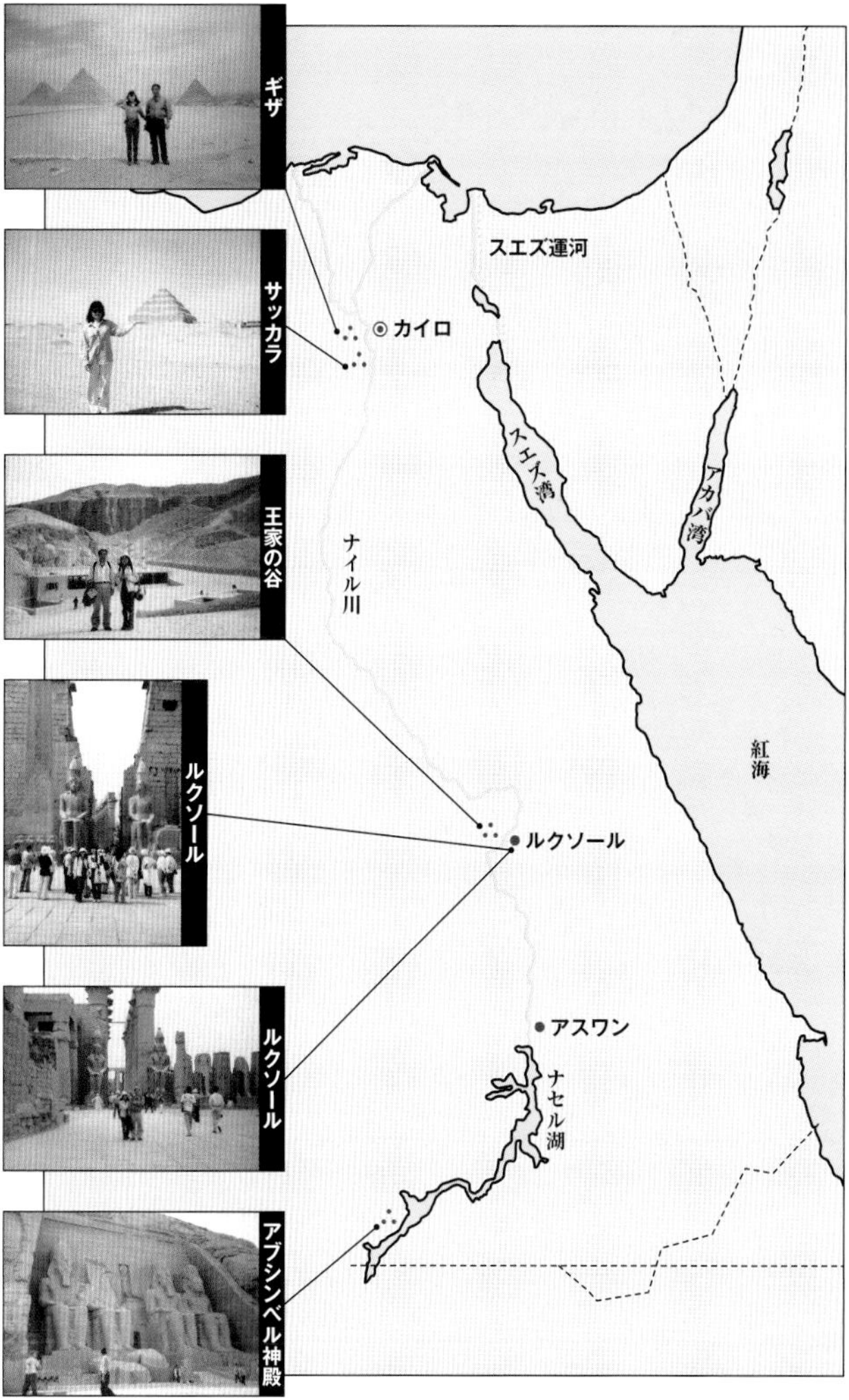
ギザ
サッカラ
王家の谷
ルクソール
ルクソール
アブシンベル神殿
スエズ運河
カイロ
ナイル川
スエズ湾
アカバ湾
紅海
ルクソール
アスワン
ナセル湖

日本人になった
エジプト人
サイエット

甲斐嗣朗
KAI Shiro

文芸社

目次

はじめに

わが家はおよそ二六年前に二世帯同居の家を新築した。二階建てのうち、一階には妻の両親と伯母（父の姉）が住み、二階にはわたしたち夫婦の家族が住んだ。それから年月が経ち、一階に住んでいた父（九〇歳）は入院後に亡くなり、伯母（一〇〇歳）も入院したあと同じように亡くなり、また一階にいた母も現在（九六歳）はケアホームに入っていて、二世帯同居の実態がなくなってしまった。

そこで二階に住んでいたわたしたち夫婦が、一階に下りている。一階に下りると、そこは断捨離が必要な世界で、両親の使っていた不要なものの整理が待っていた。そして、二〇二一年の一月のある日、妻が、「こんなものが出てきたよ」と言って、一つの印刷物を差し出した。それは、今までわたし自身が書いたことを忘れていたエジプト旅行の紀行文であった。教え子の結婚披露宴にカイロまで行き、ついでにエジプトの観光地をめぐり回る旅だったのである。

一気に、二六年前のエジプト旅行がよみがえってきた。紀行文は、ワープロで作成され印刷されたものだったので、まずはそれをパソコンで復元する必要があった。

その復元作業を続けているうちに、そういえば、何か、原稿募集の新聞広告があったなと思い出し、「昔と今」の構成で、紀行文を「昔」にし、その後のことを「今」にして、文章をまとめられないだろうか、と考えるようになった。ただ、二六年前の紀行文で書いたことは、今は通用しない部分があることも事実であろう。しかし、それには、こだわらないことにした。「その時はそうだった」というふうに読んでいただければ幸いである。

書こうと思った時点で締め切りまでに四カ月弱の時間があったのだが、急がなければならない。わたしは、ここ三年をかけて書き続けている、宮崎市の生目《いきめ》神社に関する調査原稿を抱えていたが、それをしばらくは中断して、こっちに取りかかることにした。

中心人物の一人であるサイエットは、二〇二一年三月までは宮崎県児湯《こゆ》郡《ぐん》西米良《にしめら》村《そん》に勤務しており、四月からは県西の小林市勤務となったため、宮崎市にいるわたしとはなかなか連絡が取りにくいという問題もあった。しかし、彼の妻である仁太《じんた》（女子バレーボール部のコートネーム）は、仕事が休みである月曜日にわたしの家に毎週やってくるようになった。

ここで、少し横道になるが、彼女のコートネーム問題に触れよう。彼女は、体が大きく、優しくて強そうなイメージがある。本名は「◯仁◯」と言うのだが、まずその「仁」を使うことにした。コートネームの決定は、新入生がバレー部に入ってきた時に、新三年生が特権として行う。教員は介入しない。

仁太たちが入学した年の三年前の卒業生に、金太郎と呼ばれたキャプテンがいた。その先輩が仁太と同じようなイメージだったので、仁太郎にしたらという案が出たが、仁太の方が呼びやすいことから、仁太に落ち着いた。このコートネームは今でも健在で、仲間内では相変わらず仁太と呼ばれている。

仁太は、わが家に来て、さまざまなことを話し、わたしの記述に真実味を与えてくれた。

その内容は、ここに書いたよりも細かくて具体的であったが、かなり省略している。

ともかく、ドラマティックな生き方をしている二人ではある。

今年、二〇二二年は、ツタンカーメンの墓が発見されて、ちょうど一〇〇周年になる。

そういう意味では時宜にかなった年なのであろう。

文章を書くということの難しさを改めて実感している。十全に満足のいく仕上がりではないかもしれないが、ともかく書き終えたという感覚に、少し満たされている。

皆さん方のご批判に委ねたい。

第一章　エジプトへの旅

エジプトへ（三月九日）

古い話になるが、一九九六年三月中旬、エジプトに一週間の旅をした。

第一章は、その時の物語である。

高校を卒業して一〇年ほどになる教え子が、エジプト人男性サイエットと結婚することになり、その結婚披露宴に招待を受けたのである。披露宴の日取りは、「先生の都合に合わせて決める」とまで言われては、なかなか断りきれなかった。

もっとも、「いったい、イスラームの結婚披露宴は、どんなふうにやるのだろうか」という個人的な興味もかき立てられ、行ってみたいという気持ちも強かったのである。そして、「奥さんもどうぞ」という誘いに乗って、妻も同行することになった。とはいえ、年度末の多忙な時期である。そこで、高校入試のあと、進級判定会議の前という一週間に狙いを定めて、日程を決めた。

新婦の仁太《じんた》（キャプテンで強い性格）は、準備もあるので一足先に発った。

あと同行するメンバーは、仁太のお母さん、仁太の妹の由美子さん、それに仁太の友人であり、わたしの教え子でもあるマコ（女子バレーボール部のコートネーム。マネージャー）とユミサン（部活はソフトテニス部）が加わり、残りはわたしたち夫婦である。総勢六人がエジプトまでの行動をともにした。仁太の父親は仕事（自営業）の関係で出席できなかった。

ここで、ユミサンという表現の説明をしたい。彼女は両親からだけでなく友達からも幼い頃からずっとユミサンと呼ばれていて、ユミサンがひとまとまりの呼称であった。

この六人のグループには、添乗員がいなかった。往復の旅程のすべては、海外旅行に慣れているマコがアレンジした。福岡での出国・搭乗、シンガポールでの乗り換えなど、手続きはマコが全部やってくれた。マコは、いわばわたしたちの旅の添乗員役を務めたのである。

わたしたちは、三月九日の昼前に福岡を発った。

途中に寄ったシンガポールで面白かったのは、トランジットホテルというところで仮眠を取ったことである。国際線の旅行者が、やや長めの待ち時間を持った時、税関を出ないで宿泊ができる施設である。わたしたちは、約六時間の待ち時間があったので、マコが予約していたトランジットホテルで、しばしの休憩を取った。

飛行機は、往復ともシンガポール航空だった。わたしたちは、その日の夜中に再び機上の人となり、アラブ首長国連邦のドバイに向かった。眼下に、インド洋やアラビア海も見えるとよかったのだが、夜なので何も見えなかった。

飛行機は、夜中の三時にドバイに着いた。着陸する前から見えだしたドバイは、真夜中だというのに、不夜城のように明々と街灯をともした都市だった。街の中心部には近代的な高層ビルが林立し、それは東京の都心部を空から眺めているのと何ら変わるところがなかった。石油というものが、この都市をこんなにも豊かにしているのかと、正直、驚かされた。砂漠の中に忽然と光にあふれた都市が出現するこの光景は、石油という、現代文明を支える資源の力を如実に示しているように思えた。

ドバイ空港の中は、多くの一時着陸の客でごったがえしていた。わたしたちは、自分たちには珍しいドバイの切手や地図を買った。テナントの店には、各種の商品が展示され、自動車や日本の電気製品も並んでいた。

一時間後に、飛行機は飛び立ち、カイロに向かった。アラビア半島を横切っている間に、太陽が雲の間からのぼってきた。紅海を抜け、エジプト領に入るところで、眼下の海に珊瑚礁が見えてきた。あとで地図を確認したところ、飛行機はシナイ半島のすぐ南方を飛んだようである。紅海を深く入ったこの位置に、珊瑚礁があることを初めは不思議に思ったが、緯度は北緯二七度～二八度あたりだったから、なるほどという気にもなった。北緯二七度～二八度は、日本の場合、与論島と沖縄の間になる。

広漠と続く砂漠、砂の中のカイロ国際空港（三月一〇日朝）

エジプト領内に入って現れてきた景観は、砂漠だった。しかし、砂漠といっても、その景観は飛行機が進むにつれて様相が変わった。地図で見ると、紅海とナイル川の間の砂漠は東部砂漠（シャルキーヤ砂漠）というが、その中央部は五〇〇〜一〇〇〇メートルの標高を持った高原・山地なのである。

その紅海側には、内陸部から紅海にそそぎ込む川があって、川は灰色の濁流となって流れていた。緑はかけらもないむき出しの地肌であるが、地形的には山があり、高原状の広がりがあり、谷があって、そこを荒涼とした濁った川が曲がりくねって流れ露骨に侵食を続けている、という感じだった。しかし、どうしてここに、こんなに水があるのか、その疑問は解けていないままだ。

川が姿を消すと、今度は、「これが、安定陸塊がむき出しになった光景なのだろうか」と思わせるような景観が現れた。全体的に標高の高い台地状の地表には、黒い岩塊が、そのところどころを黄色い砂に覆われて、波を打ったように現れる。この黒い岩塊は、億という単位の地質年代の昔を、今、目の前に見せているものなのだろう。むごたらしく乾ききった目の前の光景が、地球の生成のあとを物語っているのだろう。宮崎の、薄い地層を何枚も重ねたような新生代第三紀、第四紀の堆積地形を見慣れた目には、この光景は全く異様なものである。

飛行機が次第にナイル川やカイロに近づくにつれ、砂漠の様子はまた変わった。標高もだんだんと低くはなっていったが、それはまるで、われわれの目に親しい沖積地形の様相を呈していたのである。

もちろん、水は全くない。森も林もない。眼下は一面、黄褐色の砂や岩の世界だ。しかし、確実に、ここにはかつて豊かな水が流れていた、といえる風景だった。

川が山を侵食して谷が形成され、川が運んだ土砂が谷の出口に堆積し、扇状地の低地が広がる。山は幾筋かの谷で深く刻まれ、川は合流して大きな川にそそぎ込む。大きな川筋の周りには、大きな沖積低地が作られる。

日本では、こういう風景を田畑、草地、樹林、集落、道路などが覆いつくし、川に豊かな水が流れているのだが、ここは、そういう覆いと水分を全部取り去って、原形の姿がむき出しになっているのである。つまり、砂漠なのだが、山も谷も谷底平野も扇状地も氾濫原の低平地もみんなそろった風景なのだ。

そして、こうした川筋の跡をワジというのだろう。川筋、つまり谷になった窪地には、川床と思われる中央の一番低いところの両側に、何かの樹木が一列ずつの線になって生えているところがあった。その風景は、そこに水分があることを想像させるものだった。ともかく、ここは、数千年の昔のことだろうが、降水量に恵まれた緑豊かな大地だったに違いない。地形がそれを物語っている、と思った。

眼下の砂地の中に、コンクリートのアパート群や住宅が見えだすと、飛行機はカイロ空港に着陸した。コンクリートの滑走路の外側は、やっぱり砂漠である。空港の上空は、霞がかかったように濁っている。飛行機のエンジンは、こんな空を飛んで大丈夫なのだろうかと思った。

水とか緑とかの情緒的なものとは全く縁のない乾いた空気の中で、空港の建物も干からびて、暗くて、汚れていた。

出国手続きをする前に、エジプトポンドへの両替もしたが、貰った紙幣はどれもよれよれに汚れ、しわくちゃだった。しかし、この乾いた空気の、砂塵にまみれた生活をくぐり抜けてきた紙幣だと思えば、それはいかんともしがたいこの国の現実の一つなのだろう。

空港には、新郎のサイエットが寄こした旅行代理店の男性がわたしたちを待っていた。彼は、わたしたちを待合室に案内した。そこには、サイエットとその父親、弟、友人などがいて、わたしたちはお互いに挨拶を交わした。

サイエットは、宮崎で日本語を学び、宮崎大学で英文学の勉強をしていたので、その頃から面識はあった。

初対面のサイエットのお父さんは、恰幅がよく、声の低い人だった。その声の低さは、男声合唱のバスもかなわないほどで、しかも嗄れていたので、ちょっとドスが利いていた。彼は、握手が済むと、われわれに抱きつきそうな仕草を見せたが、われわれが慣れないことでもあり躊躇すると、その動作をやめた。この場面はむしろ、われわれの方がエジプト風の挨拶の仕方をすべきだったのかもしれない。あとで耳にしたところでは、サイエットのお父さんは、エジプト式の挨拶ができなかったことを、少し不満に思ったらしい。その理由は、第二章に記した。

カイロに着いたのは朝の六時だったが、わたしたち夫婦とユミサンの三人は、初めてのエジプトだったので、三人だけで別行動をすることになっていた。つまり、カイロ周辺はあとでゆっくり見ることにして、ナイル川中流域のルクソールやアブシンベル神殿を最初に見て回る一泊二日のツアーを組んでいたのである。

全員はいったん、国際線の建物から国内線の建物にワゴン車で移動し、国内線の入り口でわたしたち三人が、みんなと別れた。旅行代理店の男性だけはわたしたちに付いてきて、ルクソールまでの搭乗手続きをやってくれた。しかし、彼も切符を渡すと、搭乗口を説明して、帰っていった。

わたしたち三人は、この一泊二日の別行動については、ツアーガイドなしにしていたので、これからの旅は自分たちでやらねばならなかった。エジプトは、時々イスラーム原理主義のテロも発生する国なので、ガイドなしの旅には不安がなかったわけではないが、費用もかさむし、自力でやってみるのも面白いかもしれないと思って、サイエットの事前の助言を断っていたのである。ただ、その二日間の航空便やホテルの予約は全部サイエットがしてくれていた。エジプト国内の飛行機はエジプト航空で、すべての便がジェット機だった。カイロとルクソール間の直線距離は約五〇〇キロメートル強で、意外と近いように思えた。

国内線のロビーには、武装した警察官や刑事のような雰囲気の男たちがいて、警戒が物々しかった。旅行代理店の男性は、軍の高官がルクソール便に乗るようだと教えてくれた。わたしたちは、待合室で、飛行機の中で貰っていたパンやクッキーを取り出し、コーラを買い足して軽い食事を取った。

ルクソールへのエジプト航空機の中は、白人観光客でいっぱいだった。イギリス人、アメリカ人、フランス人、ドイツ人のグループが主で、あとは日本人だ。それに、アラブ系の顔立ちの人がちらほら混じっていた。

わたしの隣にはデンマーク人の女性が座っていた。聞くと、彼女は一五歳の子どもを連れて実に優雅な旅をしていた。ルクソールには二泊し、そこからアスワンまでは四日間のクルージングを楽しむというのである。同じ行程をわたしたちは二日で済ませる。あしたの夜には、カイロに着いている。彼女は、去年は中国に行ったとも語った。わたしは、彼女に、あしたの夜はもうカイロですと言えなくなってしまった。

飛行機の中で、わたしたちの会話は弾んだ。彼女はデンマークの地図を描き、半島や島を描いた。Jyllandはユーラン半島（日本ではユトランド半島ということが多い）、

わたしが描いた日本地図

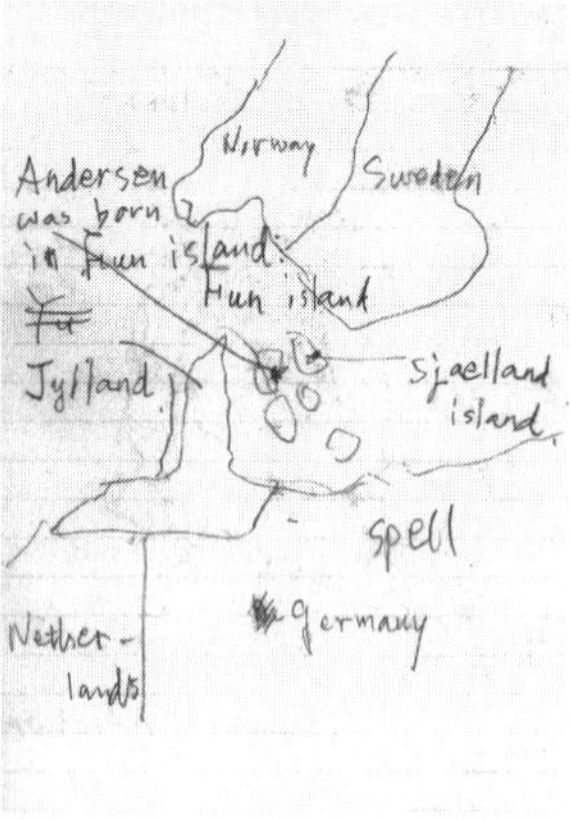

デンマーク人女性が描いて説明してくれたデンマーク周辺

Fynはフュン島、Sjæellandはシェラン島である。なお、これらの単語の始まりはすべて大文字にしなければならないし、シュラン島のaとeは背中合わせにくっつけて一文字にしなければならない。また、フュン島は、デンマークの作家アンデルセンが生まれた島であるという。

　わたしも日本の地図を描き、宮崎県の位置、東京との隔たり、広島・長崎の被爆年月日時刻を書き込んだ。

ナイル中流の都市ルクソールとタクシー運転手（三月一〇日午前）

古代都市テーベの時代に王国が栄えたこの遺跡都市に着くと、われわれは早速「エジプト」の洗礼を受けた。古代遺跡の宝庫であるこの都市周辺を見て回るには、タクシーに頼るしかない。ところが、このタクシー料金というのが曲者なのである。

適正な料金というか、料金の基準というものが、全くないのである。いや、ないのだと思う。飛行場のゲートを出た途端に、わたしたちに付きまとってくる五〇代の男性がいた。「タクシー?」としつこい口調で話しかけてくる。こんなやりとりには慣れていないので、無視した。

ガイドブックは、空港に着いたら公的な機関を尋ね、こちらの観光の予定を話して適切な値段を教えてもらうことを勧めていた。そこで空港内の郵便局に行き、聞いてみた。局員は一五〇エジプトポンドぐらいと言ったが、これは果たして信頼できる値段だったのか。というのも、「タクシー?」と寄ってきた客引きと局員は、いかにも旧知の間柄という雰囲気だったのである。ちなみに一エジプトポンドは約三〇円である（当時）。

ともかく、わたしたちは空港の外に出た。男性は「フレンド、フレンド」と繰り返しながら、付いてきた。タクシーの駐車場には、たくさんの車が客待ちをしていた。わたしたちは、どのタクシーをつかまえていいのか分からなくなっていた。そこで、とうとう男性につかまり、彼と値段交渉をすることになった。男性は、三人で二〇〇ポンドと言ったが、わたしたちは値切って一五〇にした。それでまとまりかけていたが、ユミサンが承知しなかった。もっと下げようというのである。

そこに、日本人とおぼしき若い男性が通りかかった。この事態を打開するために、わたしは彼に声をかけた。見ず知らずの人にである。彼はやはり日本人であった。そこで、彼に一緒に行動しないかと持ちかけた。あとで聞けば、のんびり一人旅だったらしい彼は、しばらく迷ったあと、一緒に乗ると言った。そこで改めて客引きの男性に、「四人で一五〇」と交渉を始めたら、結局そうなった。

これが結果的にどれほど得をしたのかは、分からない。ユミサンは、それでも四人で一二〇にならなかったかなあと、しばらくはつぶやいていた。

客引きの男性は、タクシーに一緒に乗り込んできた。そして、わたしたちが無理矢理誘い込んだ若い日本人男性、花井さん（仮名）のために、ルクソール市内のホテルの予約を済ませると、タクシーを降りていった。多分、この男性は、タクシーの運転手やホテルに客を斡旋することで、自分の生計を成り立たせているのだろう。

花井さんは、大分県別府市の出身で、大学を卒業して就職した大手銀行からロンドン駐在社員として派遣され、まだ一年も経っていないという人だった。わたしたちは、大分県の隣の宮崎県の者ですと話し、花井さんを身近に感じた。

わたしたちは、英語の達者な花井さんにタクシーの運転手のＪさんとの話をまかせたので、少しは気が楽になった。

客引きの男性がタクシーを降りるとすぐ、Ｊさんは客引きを評してつぶやいた。「怪しい奴だよ」。そのつぶやきには、わたしたちには分からない二人の間の微妙な関係があることをうかがわせたが、もちろんわたしたちがそこに口を差し挟むことでもなかった。

　このＪさんに限らず、エジプト人の車の運転は、非常に乱暴である。ルクソールの街中で、Ｊさんは絶えずクラクションを鳴らしながら走った。通行人も自転車も馬車も、それぞれがわが物顔で道路を動いている。走っている車の直前を、人や自転車がスーッと横切っていく。わたしたちは、そのたびに、思わず声を上げそうになるが、Ｊさんは平気だ。交差点にはまず信号機がないので、直進車、右折車、左折車がちょっとの隙間に割り込んできて、自分の進路を優先させようとする。ほとんど接触寸前の、心臓がドキドキしそうな展開の繰り返しである。しかし、なかなか接触はしない。花井さんは、いみじくも「無秩序の中の秩序ですね」と評した。

　この国には、道路交通法というものは存在しないのだと、わたしは確信した。自動車という文明の利器も、混沌としたエジプト社会の中に投げ込まれれば、自らがまたその混沌の一役を担わされる羽目になっているのだろう。

　わたしたちは、フェリーでナイル川を渡った。車が川岸に停車をして出発を待っていたので、わたしたちはまだ岸壁にいるのだと思っていたら、車はいつの間にか川の上を動いていた。川岸もフェリーも砂に覆われていて、川とフェリーの境目を識別できなかったのである。これが、世界最長河川ナイルか、という感慨が少し湧いてきた。フェリーが着岸した対岸もまた、コンクリートの岸壁などはなく、船体から延びた鉄板が砂地に乗り上げるという感じで接岸した。

栄華の跡、王家の谷（三月一〇日午前）

さて、ルクソール市街地の対岸、すなわちナイル川左岸（西岸）一帯は、数千年の昔のエジプト王国の栄華をしのばせる遺跡が密集しているところであり、王家の谷はその代表格のような遺跡である。

川岸の近くは緑豊かな田園地帯になっていて、「エジプトはナイルの賜《たまもの》」とはこういう風景を指しているのだろうと思われた。サトウキビ畑が多かった。その緑が切れて、乾燥した山肌が近くに見えだしたあたりに、メムノンの巨像が屹立していた。この巨像は、ＢＣ（紀元前）一四〇〇年頃のアメンヘテプ三世葬祭殿の正面を飾ってい

ナイル川西岸のメムノンの巨像。左端が花井さん

た王像であったという。アメンヘテプ三世葬祭殿は、メムノンの巨像のすぐ近くにある。

王家の谷にある古代の王の地下墳墓を見るためには、巨像の近くの売店で入場券を買う必要があった。墳墓の数は、観光用だけでも一〇カ所以上はあるのだが、三つだけしか選択できないことになっている。ツタンカーメンの墓は別途料金である。ツタンカーメンの墓には、みんなが行きたいだろうから、エジプトのやり方もちゃっかりしている。

王家の谷の入り口でタクシーを降り

王家の谷の入り口

た。タクシーには一時間後に戻ることにして、あとは花井さんを含めて四人だけの行動だ。ビデオカメラは王家の谷の入り口で没収された。残ったカメラもフラッシュをたくことは禁じられた。

初めのうちは、墳墓の位置を地図で照合するのに手間取り、なかなか目的の墓にたどり着けなかったりして、時間がかかった。墳墓はどこも、道路脇の山裾の位置から山の内部へ階段で下っていくように作られている。その地下の距離はかなりのもので、下りきったところに、石室や玄室《げんしつ》（棺《ひつぎ》を置いた部屋）があった。石室の壁には一面にヒエログリフ（象形文字）が刻まれ、壁画が描かれ、カルトゥーシュ（長楕円形の枠。枠の中にヒエログリフで王の名前が刻まれている）が彫られていた。当然のことながら、ヒエログリフも王の名前も全く分からない。

ツタンカーメンの墓である玄室は意外と小さかった。その黄金のマスクは、カイロの考古学博物館に収められているから、ここにツタンカーメンの黄金のマスクがあったということを知るのみである。発見された時は、豪華な副葬品がほとんど手つかずの状態だったという。ここを見る白人観光客は多かった。みんな別料金を払って来ているのである。

エジプト滞在中にわたしたちはいくつかの墳墓を見たが、一番古いのは、カイロ南方のサッカラの階段ピラミッドで、これは約五〇〇〇年前のもの。次いで、カイロ南西の、有名なギザのピラミッドが約四五〇〇年前。そしてここ王家の谷の墳墓群が約三五〇〇年前のものである。

それまでの王の墓が、ひときわ目立つピラミッド形式でいたのに対し、王家の谷で

背後にハトシェプスト女王葬祭殿

は山の岩盤を地下に向かって掘るように作られ、葬祭殿と分けられた。その理由は、墓泥棒の防止であるらしい。ピラミッドは誰の目にも位置がはっきりしているので、副葬された王の財宝を狙って墓泥棒が横行した。これを防ぐために、墓を目立たないように地下式にしたというのである。約三三〇〇年前のツタンカーメンの墓が一九二二年に発見されたのは、この方法が成功した一例だとされている。

王家の谷を出たあと、ハトシェプスト女王葬祭殿とラムセス三世葬祭殿を見た。

ハトシェプスト女王は、まだ幼かったトトメス三世の代わりに国王に就いた女性である。この葬祭殿の背後には、巨大な絶壁がそそり立ち、葬祭殿はその麓に作られている。平面から階段があって、直接二階に上がることができる。

ラムセス三世葬祭殿は、ハトシェプスト女王葬祭殿から西に移動したところにある。古代の石造建築物がふんだんに転がっている感じである。

今も作っているパピルス（三月一〇日午後）

タクシーの運転手のJさんは車をパピルス工場で止めた。

英語で「紙」のことをpaperというが、その語源となったのがパピルスで、これがエジプトではまだ栽培されていることを知って、驚いた。パピルスという植物は、茎も葉もてっぺんのひげ状の房も、すべて緑色である。茎の太さは直径で一・五センチメートルくらいである。

道路端の玄関の前に、そのパピルスが植えてあった。

内部は工場というよりパピルス製品の販売店という感じで、わたしたちが来ると、店主とおぼしき若い青年が、見本を使いながらパピルスの製造工程を説明しだした。

パピルスの茎の堅い皮は、サンダルや舟材になるという。

紙の原料となるのは、パピルスの皮の内側の芯の部分である。堅い皮を剥いだあと、残った柔らかい芯を薄く栞状に切り、台の上に置いて、丸い棒を転がし水分を絞り出す。それを、二〜三日水に浸して、粘り気を出す。

そうやって何枚も用意した栞状の繊維を二ミリずつ上下方向に重ねていって一面を作る。次に、この一面の上にさらに栞を左右方向に重ねていく。つまり、出来上がりが一枚の紙になるのは、上下方向と左右方向との、二重に重ねられたものである。

こうしてできたいくつかの面に機械でプレス（圧力）をかけたまま一週間ほど放っておく。今は、機械で重しをかけるが、昔は大きな石を使っていたという。この説明は、ちょっと面白かった。

そのあと、販売店でパピルス製品の買い物をした。店員は、カイロで買うと高いし、ここは本物を売っているので、買っていけという。結局、無地のパピルスや、そのパピルスに各地の石室の壁画を描いたものなどを買うことになった。買い物が済んでわたしたちがタクシーに乗り込んでも、なかなか運転手のJさんが出てこない。わたしたちは、店からリベートを貰っているんだろうと話した。

砂塵と夕食と水タバコ（三月一〇日午後〜夜）

再びナイル川を、今度は西岸から東岸に渡った。船の甲板に出て、ゆっくりとナイルの水を見た。日本の川のような透明度はないが、深緑色をしていて、汚れているという感じはしなかった。むしろ砂漠を貫流する川としてはきれいなのではないか。

東岸の船着き場からは、大型の客船がゆっくりと動きだしていた。上流のアスワンに向けて四日間の旅になるのだろうか。

わたしたちの乗ったフェリーの上から東岸のルクソールの街を見ると、カルナック神殿やルクソール神殿の石の建造物が、低くなった太陽の光を受けて黄褐色に浮かび上がっていた。この、いささか神秘的な風景は、ルクソールの街そのものが全体として古代遺跡なんだと思わせるのに十分だった。

フェリーが船着き場に着くと、乗っていた車が次々に動きだし、高い位置にある幹線道路にのぼっていった。船着き場周辺には細かい砂が厚く積もっているので、車が走ると砂ぼこりがもうもうと舞い上がる。タクシーにはクーラーがないので、運転手のJさんは窓を開けたままだ。それに、この砂ぼこりにも慣れているのだろう。

しかし、車の中に入ってくる砂ぼこりでわたしたちは息もできなかった。また、そのまま、息を長く止めていることもできないので、埃の中で苦しい呼吸をする羽目になった。着ている服も、たっぷりと埃をかぶった。砂の切れた道路に出た時、妻とユミサンは、咳をしながら服をはたいた。

この旅に出発する前に、わたしたちは、ガイドブックの教えに従って「砂漠対策」

の小道具を用意していた。帽子、サングラス、防塵マスク、目薬、のど飴、リップクリーム、フェイスクリーム、手袋などである。しかし、こんなにもろに砂の洗礼を浴びるのだから、とっさの役に立つ物はない。結局、有効だったのは帽子だけだったと言っていい。エジプトでマスクをしている観光客など、一人も見かけなかった。

時刻はもう夕方になっていた。最初にタクシーの価格については、西岸の王家の谷から、東岸のカルナック神殿、ルクソール神殿までを含めるとしていたのだが、東岸を見る余裕はなくなっていた。わたしたちは、花井さんと一緒に夕食を取ることにし、店はJさんにまかせた。つまり、Jさんも一緒に食事をすることになった。

ホテルのチェックインを済ませると、真っ先に部屋の浴室に飛び込んだ。靴下は真っ黒に汚れ、服からは砂ぼこりが立った。頭髪も、砂をかぶってざらざらとしていた、何回も何回も髪を洗い、体じゅうの汗と埃を流した。そして、衣服を着替えた。

この時ほど、風呂上がりの新鮮な気分を味わったことはない。それほど、さっぱりしたのだが、それでも目がチカチカしたり、のどの奥にざらざらしたものが残っている感じは消えなかった。

七時に、Jさんが迎えに来た。昼間とは全く違った、いわゆるエジプト風の服装（白色で、長袖長裾のロングドレス）に変わっていたので、わたしたちは、それが彼だとはすぐには気がつかなかった。Jさんの方から声をかけてきて、三人ともびっくりした。彼は、礼儀を尽くして正装にしたのだと、わたしは思った。

花井さんを拾ったあと、Jさんはわたしたちを街外れの狭い路地にあるレストランに案内した。これが初めてのエジプト料理への挑戦である。出発する前に、仁太やマコから、くどいほど、生ものは決して食べるなと諭されていたので、料理への警戒感が強かった。

出てきた料理は、パン（大きな平たい円形で柔らかい。ちぎって食べる。アエーシというらしい）、魚のフライ、野菜サラダなどだった。

あまり違和感もなさそうに見えるが、問題は味付けと匂いである。パンからも魚からもサラダからも、経験したことのない匂いが立ってくる。それでも若い花井さんは、Jさんに「おいしい」と言いながら食べていた。

ユミサンと妻は、生ものであるサラダにはほとんど手を付けなかった。エジプトに行ったら必ず下痢をするという、出発前の予備知識がこびりついていて、手が出せないのだろう。わたしは、それより何より、「ビール」と注文できないことがつらかった。ビールがあれば、多分、サラダもビールと一緒に食べられるのである。コーラを飲んで食事は終わった。

Jさんは、食事のあと、わたしたちをルクソール駅（鉄道の駅があるのである）の前の大通りに連れていき、道路端の露天の喫茶店に案内した。

喫茶店の他の客はみなエジプト人で、彼らはテーブルを囲んで、水タバコに興じていた。土地の人たちは、乾いた一日のあとの夜を、こんな店でゆっくりと過ごしているのだろうか。彼らは、しばらくはわたしたちをじろじろ見ていたが、わたしたちが席を取って話し始めると、今度はわたしたちの方がその視線を忘れた。

飲み物にはいろんな種類のティーやコーラがあって、わたしは甘さの強いホットティーを注文した。いや、甘さが強いというのは、飲んでみて分かったことである。どうもエジプトの人は、甘いものを好むようである。ケーキなどの甘いものも、よく食べる。

Ｊさんはやがて水タバコを吸い始めた。そして、興味を持っていそうな花井さんにも回した。わたしも一回だけ吸わせてもらった。大した味もせず、おいしいかなあという感じだった。もっと行くところはないかなあ、という気持ちになっているらしい花井さんをホテルに送り届けると、わたしたちも、カルナック神殿のそばでＪさんのタクシーを降りた。結局、それが、花井さんとＪさんとの別れになった。

運転手のＪさんは、今までにたくさんの日本人を乗せていて、帰国した日本人から貰ったというたくさんの手紙、ハガキ、名刺を車中に置いていた。そして、そのいくつかをわたしたちに見せた。それが、道すがらの彼の自慢話でもあったのだ。彼は、会った日本人に、ルクソールには人をだますような人間はいない、しかしカイロでは寄ってくる人間を決して信用してはいけない、ひどい目に遭うことがある、と言ってきたようだった。実際、カイロで親切にされているうちに、何かを飲まされ、気がついた時には、持ち物を全部なくした日本人青年からの手紙もあった。その青年は、Ｊさんの忠告を守っておけばよかったと、便りを結んでいた。

そしてＪさんは、わたしたちとも、うまくいっていないと感じていたようだ。それ

ナイル川右岸、ルクソール・ヒルトン・ホテルの川辺の庭

は、わたしがJさんに何かを言った時に、Jさんは「ジャパニーズ　イズ　ディフィカルト」と小さい声で言ったのである。

ホテルまでの少しの距離を歩くことにした。途中の小さな商店で、五〇〇ccのミネラルウォーターを買ったが、これが五つ星ホテルで買った同じ物の料金より高かったのには参った。つまり、ぼられていたのだ。一見《いちげん》の日本人観光客は、絶好のカモなのだろう。時刻はすでに夜の一〇時頃になっていた。わたしは早くホテルに帰って休みたかったが、ユミサンと妻は、クリスタルグラスの香水瓶の専門店を見つけると、そそくさとその中に入っていった。

仕方なしについていくと、二人はおみやげにすると言って、店員を相手に話し始めた。二人が、何人か分の買い物を済ませて、ホテルに戻ったのは一一時前であった。

外出していた留守中に、カイロのサイエットから電話が入っていたことを、フロントで教えられた。三人だけの行動を心配してくれていたのだ。

朝食と乗り物の値段交渉（三月一一日朝）

ホテルの朝食はバイキングだったので、好きなものをいっぱい取ってお腹を満たした。コメはエジプト産なのだろう。日本の米粒よりも何倍も細長くパサパサした味のご飯が炊飯器に用意されていた。ご飯は二杯食べた。それに味噌汁まであって、味はいまいちだったが一応全部いただいた。日本人観光客が多いことを、朝食のメニューが示していた。

きのう、飛行機の中で隣になったデンマーク人の女性にも、レストランでばったりと顔を合わせ、お互いに軽く会釈した。

この日は、全くの三人だけの行動になった。きょうは、忙しい。昼過ぎにルクソール空港からアスワンまで飛び、そこで飛行機を乗り換えて、アブシンベルまで飛び、アブシンベル神殿を見たら、その足でカイロまで帰ることになっていた。カイロに着くのは、夜の八時半頃の予定である。

ホテルを出た途端、わたしたちは、観光馬車の御者に付きまとわれだした。それもわたしたちが歩いているそばを、二台、三台と、大きな馬のひづめをパカパカいわせながら追いかけてきて、御者が大声で「乗れ、乗れ」と誘うのである。わたしたちは知らん顔をして、足早に逃げた。逃げる途中にユミサンが銀製品のペンダント屋を見つけ、「これ、ガイドブックに載っていた店だ」と言いながら、妻と二人で入っていった。そこでは結局二人は何も買わなかった。値段がふっかけられているのか、サービスになっているのか、全く分からなかったことが、買わなかった理由である。

店を出たら、馬車はもういなかった。けれども今度はタクシーから声をかけられた。

初めはちょっと無視していたが、わたしたちとしてもずっと歩くわけにはいかない。こちらから、一番近くにいた運転手を相手に、「二つの神殿を回ったあと、ルクソール空港まで」という料金の交渉に入った。向こうは五〇ポンドと言ってきたので、三〇と返事した。すると四〇に下げてきた。しばらく押し問答が続いたが、相手が四〇から下げないので、「それはダメ」という意思表示をするために、三人で背中を見せて歩きだした。すると、相手はあわてて追いかけてきて、三〇でいいと言い出した。交渉は成立した。

しかしよく考えてみると、こうしたやりとりが、相手にとっても、こちらにとっても、いい結果を生んでいるのかどうかは分からない。こちらにとっては安ければ安いほど好都合だが、三〇ポンドというのは、相手にとってどれだけの価値の値段なのだろうか。その判断が全くできないのでなんとも言えないが、値下げ交渉にも限度があるのかもしれない。しかし、そう思うこと自体が、またこちらのお人好しぶりを示すことなのかもしれないのである。

きのうのJさんのタクシーもおんぼろだったが、きょうのタクシーはそれ以上だった。走り始めてもなかなかスピードが出ない。エンジンも今にもストンと止まってしまいそうな情けない音を立てている。それにきょうの運転手は、英語が話せないようだったので、車中で言葉を交わすこともなかった。その運転手はカルナック神殿に着くと、「四〇分後にここへ来て欲しい」と言ったが、結果的に、それは無理な話だった。

アメン神を祭るカルナック神殿（三月一一日午前）

宮殿という意味を持つルクソールの街には、カルナック神殿とルクソール神殿がある。エジプト王国が最も栄えた「新王国時代」は、第一八～第二〇王朝の時代で、王朝はこの時代に最盛期を迎え、版図《はんと》（支配する領土）も最大だった。紀元前一五七〇年から五〇〇年間の時代である。言い換えれば、今から三五〇〇年前である。

新王国の時代を国王の名で言えば、アメンヘテプ一世、ハトシェプスト女王、トトメス一世・三世、アメンヘテプ三世、ツタンカーメン、ラムセス一世といった名だたる国王たちである。つまり、きのう訪れたナイル川西岸の建築物に名を残す王たちである。また、ルクソールは、新王国の時代にはテーベという名の町だった。

カイロの近くにあるギザ地区のピラミッドに名を残す、クフ王、カフラー王、メンカウラー王たちは「古王国時代」の王であり、紀元前二六五〇年からの五〇〇年の間で、ギザの方がルクソールよりおよそ一〇〇〇年古い。

今から三五〇〇年前のファラオ（国王）たちは、国家の最高神であるアメン神を信仰した。その信仰のあかしとして、ファラオたちは、神殿、オベリスク（先端がとがっている四角錐の高い石柱）、神像などを建立した。カルナック神殿に立てられたアメン（アムン）大神殿はエジプトでも最大規模の神殿である。すべてが石で造られた巨大な遺跡だ。

入り口の通路の両側に小型のスフィンクス（その時までスフィンクスはギザのピラミッドだけだと思っていた）が列をなして並び、第一の関門を過ぎると、周囲を石柱に囲まれた中庭に出た。その奥から、ラムセス二世の巨像がわれわれを見下ろしていた。その足許を通って次の部屋（部屋といっても青天井）へ行くと、大列柱室である。直径が一・五メートルくらい、高さが一〇～二〇メートルほどある石柱が所狭しと立ち並んでいる。ガイドブックによれば一三四本あるらしい。

こうしたエジプトの遺跡を見て驚くのは、こんな重たい石の塊をいったいどうやって運んだり、積み上げたり、立たせたりしたのだろうかということだ。それに、柱や壁に見事なレリーフが施されているのも、その意味は全く分からないのだが、感動した。

大列柱室を出たら、次にはトトメス一世のオベリスクが天にそびえていた。アメン大神殿の中には、澄み切ってはいないが、「聖なる池」と呼ばれる池がある。その池のほとりに、古代エジプト人が神聖視したスカラベというコガネムシをかたどった石像があって、その像の周りを反時計回りに三回まわると幸運があるというので、ユミサンと妻は面白がって回り始めた。しかしどうも、そういうことをやっていたのは、主に日本人だったようだ。

わたしたちが遅れて出てきたので、タクシーの運転手は不満だったようだ。しかし幸いなことに、お互いに言葉が通じない。彼は諦めた様子で、わたしたちをルクソール神殿に連れていった。

それは、カルナック神殿のすぐ南に位置していて、かつて二つの神殿はスフィンクス参道でつながっていたらしい。その参道の跡は、ルクソール神殿の入り口前方に、現在も姿をとどめている。

ルクソール神殿（三月一一日午前）

カルナック神殿の南三キロメートルに位置するルクソール神殿もアメン神を祭る神殿らしい。神殿の入り口の前には、カルナック神殿と同じようにスフィンクスの参道がある。その奥に塔門があり、門の前に、一本のオベリスクとラムセス二世の座像二体がある。

一本のオベリスクは塔門の左側に立っているが、実は右側にもこれと対になる一本

ルクソール神殿にあるスフィンクス参道（スフィンクスは古代エジプトの空想上の怪獣、王や神の守護のシンボル）

があった。それは今、ここから遠く離れたフランスの首都パリにある。パリの凱旋門から放射状に延びる道路のうち、シャンゼリゼ通りを経由した先にコンコルド広場があり、そこに周囲を圧するかのようにオベリスクが立っている。オベリスクの高さは約二五メートルらしい。

フランスは、その返礼として大きな時計を贈った。しかし、翌々日にそれを見に行った時、時計は動いていなかった。時計が置かれている場所は、カイロの城塞（シタデル）にあるムハンマド・アリー・モスクの中庭である。

　エジプトにあったオベリスクをコンコルド広場で見ることができるパリ市民と、城塞にあるモスクに行って壊れた時計を見るカイロ市民とでは、どちらが得をしているかと考えてしまう。

ルクソール神殿の左側のオベリスク(方尖塔)、右側にあったオベリスクは、パリのコンコルド広場に

　さらに中に入っていくと、ラムセス二世の中庭がある。この王は二〇〇人近くの男女の子どもをもうけたという。ここにもたくさんのラムセス二世の像や列柱がある。
　その奥に、カルナック神殿にもあったような大列柱廊がある。高さが一七メートルという巨大な柱が並んでいるが、驚くことにその上部には、それぞれの柱をつなぐように横に大きな石が置かれている。われわれは二列一四本が並んだ列柱の間を通り抜けて、次に行く。

そしてアメンヘテプ三世の中庭に出る。中庭というが、そこにあるのは、やはり列柱であり、石造建築物である。

バクシーシの世界（三月一一日昼）

ルクソール神殿の見学が終わると、わたしたちは空港に向かった。ルクソールからアスワンまで（直線距離で約一八〇キロメートル）の搭乗手続きは、自分たちでやらなければならなかった。アスワンまでの飛行機は満員だったが、ローカル便のせいか、乗務員は締まりがなく、仕事はしてますよという様子で、大丈夫かなという気になった。

アスワンに着くと、別の建物に移動して、アブシンベルへの搭乗券を入手しなければならない。到着ロビーを出た途端に、五、六人のタクシー運転手が一斉に声をかけてきた。みんなが、われ先に自分の客にしようという算段なのだ。アスワンで観光する余裕はないので、これは完全に無視して、足早に隣の建物の中に飛び込んだ。彼らは、「フレンド、フレンド」を連発している。そこに入って、「アブシンベルまで」と言ったら、建物が違うと言われた。そこであわててもう一つ隣の建物に向かった。すると、わたしたちの間違いに気づいたタクシーの運転手たちが、口々にわたしたちが向かっている建物を指さして騒いでいた。ちょっと関わり合わない方がいいなと思ったが、もしかして、親切なのかもしれないという気もした。

搭乗券の入手で、ちょっとしたトラブルが生じた。すぐ次の飛行機に乗るはずのつもりが、カウンターの係員は、二つあとの便だという。困っているところに、一人のアメリカ人青年がふらりと入ってきた。係員は、まず彼の搭乗券を発行した。彼らは、早口の英語でやり合っていて、あまり聞き取れなかった。

わたしたちは、結局、ジョン＝クラインという名のこの青年の口添えで、一つあとの便の搭乗券を入手することができた。

この混乱の原因は、もしかしたらわたしにあったのかもしれない。というのも、どうせアスワンに寄るのなら、アスワンハイダムを見ることはできないだろうかという希望を持っていたので、それがサイエットに伝わり、サイエットが気を利かせて、アスワンの滞在時間を延ばしてくれていたのかもしれなかったからだ。しかし、わずか二、三時間の余裕でダムに往復できるのかどうか、皆目見当がつかなかったので、それは諦めた。

ジョンは、わたしたちのために、アブシンベルからカイロまでの、帰りの搭乗券の手配までやってくれた。「僕がいてよかっただろう」と、あとでジョンが言った。

アスワン空港で、一時間くらいの待ち時間ができた。わたしたちは待合室ロビーで、時間をつぶした。そこでわたしは、もう一つのエジプトにふれることになった。

エジプトの空港にはどこでも、自動小銃というのかどうか知らないが、銃を肩にかけた兵士が必ずいる。アスワンにも二〇代前半とおぼしき若い兵士が待合室にいた。

わたしは、荷物の整理をしようと、リュックの中の物を取り出した。その中に、福岡空港の免税店で買ったタバコの二〇箱入り一カートンがあった。くだんの若い兵士は、わたしの作業をじっと見ていた。

そして近づいてきて、「シガレット?」と話しかけてきた。わたしは「来たっ!」と思った。というのも、きのうカイロ空港でやはり若い兵士から、タバコを一本せびられていたからである。わたしは、「イエス、ジャパニーズシガレット」と答えながら、「吸いますか」と尋ねると同時に、一箱を渡した。彼は黙って受け取り、ラクダ毛でできた黄褐色の軍服のポケットにしまい込んだ。

思った通りの展開になったと思いながら、椅子に座っていると、くだんの兵士は待合室出口の椅子に座ったまま、わたしを手招きした。今度は何だろうと思いながら行くと、彼は眠るふりをしながら、「俺はたいくつで眠りたい」と伝え、次に手のひらを首に当てて、「でも、眠ると首になる」というようなことを表現した。わたしは話すこともないので黙っていると、彼は声を潜めて、「バクシーシ」と言ってきたのだ。

バクシーシのことは、よく知っていた。仁太から「無視しなさい」と言われていたのだ。これは要するに物乞いである。

イスラーム教徒には守るべき五つの義務がある。それを五行というが、これを守るということはムスリム（イスラーム教徒）にとって絶対的な必要条件とされている。その内容を『図説イスラーム百科』から引用・要約する。

信仰告白＝「アッラーのほかに神はない。ムハンマドは神の使徒である」という言葉をモスクで唱えること。アッラーはイスラーム教の神の名であり、ムハンマドはイスラーム教の創始者の名である。

礼拝＝一日五回（夜明け・正午・午後・日没・夜半）、聖地メッカのカーバ神殿の方向に向いてお祈りを捧げる。

喜捨＝ムスリムにとって、喜捨は、自分の所有物が神から貸し与えられているものだということを、想い起こさせる行為としてある。自分の財産の一部を無償で差し出すことは、神の恩恵に感謝する行為である。

断食＝イスラーム暦、すなわち純粋な太陰暦の九番目をラマダーンの月という。この九月が断食（サウム）の月とされ、この期間、日の出から日没まで一切の食事と性行為を絶つ。ただし、高齢者、病人、妊婦、旅行者などは除かれる。日没後は、家族や友人と食事をともにする。ラマダーン月の二六日と二七日、断食明けが間近く、祝われるその夜はイスラーム暦で最も神聖な夜である。

巡礼＝イスラーム教最大の聖地メッカを一生に一度は巡礼で訪れ、カーバ神殿の周りを時計の針とは反対方向に七周したり、その他の儀礼に参加し、五、六日を過ごす。

この五行の中で、喜捨に起因するのがバクシーシなのである。簡単に言えば、お金持ちは貧しい人に施しをしなさいという教えで、これを逆手にとって、貧しい人が自ら物乞いをする行動を生んだ。そうすることで金持ちに喜捨をする機会を与えているという理屈である。

しかし、わたしは、「何？　分かりません」と言って、わたしがバクシーシという言葉を理解できていないように演じた。彼はなおも「バクシーシ」と言ったが、わたしもまた何も知らない日本人を装った。そして、「アイム、ソーリー」と言って、席を離れた。

若い兵士の次の標的になったのはジョンだった。しかし、ジョンの態度は明快で、兵士がバクシーシを要求した途端、言下に「ノー」と言い放って終わりだった。そして何事もなかったかのように涼しい顔をして、さっきからの読書にふけった。自分との応対のあまりの違いに、わたしは「やるう」と思ってしまった。

仁太やマコから聞いた話では、ホテルや航空便の料金は、エジプト人の場合、欧米人や日本人の半額になっているという。もし、これが本当なら、エジプトという国自体が先進国に対して、形を変えたバクシーシ、あるいは喜捨を要求していることになる。みやげ物屋にしても、店は頭から日本人価格というものを計算しているというのである。「持てる者から多くを取る」という論理は、わたしたちにとっては税金の累進課税の論理なので、これはイスラーム社会の税金なのかもしれない。

ラムセス二世を祭るアブシンベル神殿（三月一一日午後）

アスワンからアブシンベルまで（直線距離で約二〇〇キロメートル強）の飛行機の乗客は、わたしたち三人の他にジョンとエジプト人らしい中年男性の五人だけだった。ジョンは「まるで自家用機だ」と言ってうれしがっていた。わたしたちは、席を自由に移って眼下の砂漠やナセル湖を眺め続けた。

不毛の地と思われる砂漠の中にも道路が走っていて、あたりには集落も何も見えないのに、どことどこを結んでいるのだろうかと思った。また、ダム湖は、周辺に灌漑用水は引いていないのだろうか、そうしてできた農地はないのだろうか、目をこらしてみたが、あれがそうじゃないかというところが一カ所だけ確認できたほかは、ただの広漠たる砂漠が続いているだけだった。緑化は本当に不可能なのだろうか。

アスワンハイダムが建設されることになった時、エジプト南端のアブシンベルにあったラムセス二世の神殿は、ダム湖であるナセル湖に水没することになった。これを知ったユネスコは、先進各国から基金を集め、神殿を六〇メートル引き上げ保存することにした。神殿は、いったんブロックに切断されたのち、高台に引き上げられて復元された。

アブシンベルは、空港と神殿しかないようなところだ。ホテルもないと聞いていたが、木賃宿みたいなところはあった。空港から神殿までは、無料のシャトルバスが絶えず往復している。

神殿の入り口は、神殿を裏から見るような位置にあった。入場券を買い求めて歩いていくと、ナセル湖が前方に広がってきた。あたりには誰もいなかったので、ジョンはまた、「自分たちだけの風景だ」と得意がった。そして、「エジプトは、この神殿の復元に金を出していない。出したのはアメリカやヨーロッパや日本だ」といい、だから自分たちだけの風景になってもいいと言わんばかりの様子だった。

ジョンは一人旅だったので、「家族はいるのか」と聞いたら、ジョンは「それは結婚しているか、という意味か」と聞き返してきた。「そうだ」というと、彼は「ノー」と返事した。ジョンの仕事は、フィラデルフィアの広告代理店で、テレビの

背後の湖水はナセル湖（アスワンハイダムの建設でできた人造湖）

コマーシャルも作っていると言った。

復元された神殿は、海峡のような広がりを見せるナセル湖を正面に見据えてそそり立っていた。神殿の正面には、ラムセス二世自身の巨大な石の座像が四体並んでいた。そのうちの一つは、頭部と上半身がひと塊になって足許に落ちていた。石室の内部には、ヒエログリフや壁画がたくさん描かれていた。しかし、他の観光客と違ってわたしたちにはガイドがいなかったので、わたしがビデオを撮影している間、ユミサンがそばにいてガイドブックを読んで説明の声を入れてくれた。ここの壁画

アブシンベル小神殿。ハトホル神（古代エジプトの愛と美の女神）とラムセス二世の王妃ネフェルタリを祭る

はパピルスの絵にも好んで描かれるほど有名であったが、たしかに見応えのあるものだった。

ちなみに、ナセル湖の名は、アスワンハイダムの建設に貢献した、当時のエジプト大統領ナセルに由来する。

帰りの飛行機までにずいぶんと時間があったので、わたしたちはそこでゆっくりと過ごした。隣の小神殿を見たり、ナセル湖岸に立って対岸の平原状の地形を見たり、足許の石を眺めたりした。

帰路は、神殿内部に作られたトンネルをのぼる。外からは盛り土をしたように見える岩山は、内部のてっぺん付近がコンクリート張りの空洞になっていた。その内壁の中空に金属性の通路が架けられている。足音や話し声が空洞の中で反響した。そうやって神殿の背後に出た。

時刻は夕方の五時頃になっていた。

しかしわたしたちが帰る頃になって、何組かの団体がぞろぞろと神殿にやってきた。遅いグループだと思いながら、わたしたちは空港に戻った。

空港の職員は、六時発の予定が五〇分遅れるという。理由は、先ほどの、遅れて神殿に来た人たちを待つためだった。ここにはホテルがないので、乗せて帰らないわけにはいかないのだ。

空港でまた、たっぷりと待ち時間ができた。ユミサンも妻も手持ち無沙汰だ。読書好きのジョンは、今度は厚手のノートに一生懸命文章を書いていた。わたしも暇だったので、彼に話しかけた。「日記をつけているのか」。ジョンは、「この旅のことを書いている。文章を書くのが好きで、僕はいい文章が書ける」と誇らしげに語った。

ジョンは非常にプライドが高かった。さらに、「クラインという姓は、どこの出身なのか」と、ドイツ系じゃないのかなあと思いながら聞くと、「わたしはユダヤ人だ」と答えた。それからしばらく少数民族の問題を二人で話した。彼は「アメリカでは、ユダヤ人に対する差別は何も感じない」と言った。

ジョンとの話が途切れると、一人の若い、肌の浅黒いエジプト人男性が前に来て言った。二〇代半ばだろうか。彼は「わたしは警察だ。日本人か」と言う。何だ、この展開は、といぶかしみながら聞いていると、「何をしているのか」という。何を言いたいのか訳が分からず戸惑っていると、空港の係官がやってきて、「心配するな。こいつは、クレイジーだから」ととりなしに入った。すると若い青年は、苦笑いしながら離れていった。暇なので時間つぶしに、わたしをからかったのだろうが、ちょっと腹が立った。

超満員のジェット機に乗って、およそ八五〇キロメートルの距離を飛び、わたしたちがカイロ空港に戻ってきたのは、夜の一〇時頃になっていた。ジョンとは、出札口の混雑の中で、「ありがとう」と言って別れた。

初めてのカイロ（三月一一日夜）

　カイロ空港ではサイエットが首を長くして待っていた。なにしろ飛行機は一時間半も遅れて着いたのだから。タクシーで空港を出ようとすると、あたりは物々しい警戒態勢が取られていた。わたしたちのタクシーを覗き込んだ警官は、止まれの指示をした。そして後部座席にいたわたしに合図し、窓を開けさせた。サイエットも運転手も黙っている。警官は、わたしに「旅行か？　ホテルの名は？」と質問したあと、ホテルの名を書き留め、「ここに、名前を書け」と命令した。わたしは言われたとおりに、ローマ字で自分の名前を書いた。

　動きだした車の中でサイエットが言った。「あとでホテルに確認を入れるんだ」。サイエットの話では、テロ対策の国際会議がカイロであるので、クリントン大統領があしたカイロ入りするということだった。エジプト人の運転するタクシーに、ツアーでもなさそうな日本人とエジプト人の乗客が乗っていることに注目したのだろうと、サイエットはつけ加えた。

ホテルにたどり着いた頃には、すでに一一時を過ぎていた。ホテルの入り口には、なんと金属探知機が据えてあって、入る時にはそこをくぐらねばならなかった。まるで空港並みの警戒である。中に入ると、制服の警官や私服の刑事のような雰囲気の人たちが数人いて、一人ひとりの客に視線を配っていた。他のホテルでも同じような警戒態勢が取られているのだろうが、これは日常的な風景なのか、あしたの国際会議に合わせたものなのかは、分からなかった。

ホテルのロビーで、仁太のお母さん、妹さん、マコと一日半ぶりに再会し、サイエットの友人であるアリ、ゴハリと初対面の挨拶をした。アリとゴハリには「エジプトに来ることができて、とてもうれしい」と伝えた。そして二人に宮崎の電器店で買ってきていた電卓をおみやげに渡し、「わたしは高校の教員です。仁太たちは教え子です」と自己紹介した。

そのおみやげを何にするかは、行く前にちょっと悩んだ。高価な物でなく、エジプトの人が喜びそうなものといえば、何だろうかと考え、その結果が「電卓」ということなったのだが、それでよかったかどうかは、分からない。

そのあと、ホテルのアジア風レストランで、遅い夕食を取った。そこで、ビールを味わうことができ、ほっと一息つくことができた。二本目を注文しようとしたら、妻から止められた。われながら、忍耐の修行ができる最高の環境だと、諦めた。

仁太の姿は見えなかった。聞くと、きのうから体調を崩し、今夜も高熱が出て、部屋で休んでいるという。あしたの夜が披露宴である。とうとう彼女は、病院に行き、点滴を打った。

わたしたちは、一泊二日の強行軍で疲れ切っていて、すぐに睡眠を取った。しかし、若いユミサン、マコは、アリ、ゴハリらと夜のカイロに繰り出し、床に入ったのは明け方の四時だったらしい。

エジプト最古、サッカラの階段ピラミッド（三月一二日午前）

次の日の昼間はカイロ周辺の観光になっていて、夜は披露宴である。観光は、サッカラとギザのピラミッドに行く。サッカラは首都カイロの南三〇キロメートル、ギザは西南で、サッカラがやや遠いが、いずれもカイロ郊外といっていい。

福岡からの出発をともにしたわたしたち六人に、サイエットの友人のゴハリが付き人になって（サイエットは来ない）、旅行会社のマイクロバスでホテルを出発した。

バスの運転手は、コプト教信者のZさん。エジプトの人口の一〇パーセントはコプト教だと教えられた。コプト教はキリスト教の一つであり、キリスト教がヨーロッパに広がる前からエジプトに浸透した古いキリスト教である。

バスはカイロ市内を抜けると、川なのか用水路なのか判然としない流れに沿って一本道を走り続けた。運転手のZさんに、川なのか用水路なのかを聞いた。Zさんはナイルの上流から水を引いている農業用の水路だと教えてくれた。用水路の向こう側には、どこまで走っても、のどかな田園風景が続いた。緑がいっぱいの風景である。牛を追う農夫、あぜ道で遊ぶ子どもたち、畑で仕事をしている農夫。それは、自分たちが子どもの頃に見た四〇年前の日本の光景だった。それが、今、目の前で再現されているのである。

バスは、わたしたちをサッカラの丘に運んだ。そこには、原型をようやくとどめているかのような階段ピラミッドが、勇姿を見せていた。見渡す限りの砂漠の中で、それだけが天に高くのぼっている。それを遠望できるところで、いったんバスを降り、写真を撮った。エジプトが三回目というマコは、遠くの階段ピラミッドを手のひらの上に載せるようなポーズで写真を撮ると、若い人たちはそれを真似しだした。

この階段ピラミッドはジョゼル王（ジョセル王ともいう）のピラミッドともいわれ、エジプト最古のものとされる。ジョゼル王は紀元前二六〇〇年頃の古王国の王であるから、今から四六〇〇前の話である。日本は縄文時代で、まだ卑弥呼も存在しない。

崩れかかった階段ピラミッドには六段の階段が確認される。近くで見る階段ピラミッドは、五〇〇〇年の侵食に耐えかねて、ところどころが崩落しており、崩落を食

ユミサンの手のひらに載る階段ピラミッド（サッカラ）

い止める補修作業も進められていた。

このエジプトで最も古いピラミッドは、ギザの有名な三つのピラミッドとは違った意味で、見るに値するものなのだろう。ここを見るということについては、サイエットやゴハリの配慮というものをつくづくと感じた。

足許を見ると、砂粒は今まで見たことがないほど細かくて、色は黄白色だが、まるで小麦粉のようだった。その砂の上を、大きな蟻が一匹動き回っているのをマコが見つけた。「何を食べているんでしょうね」と聞くともなく聞かれたが、分かろうはずがない。

「蟻に聞いてみたら」という感じだった。

ゴハリは、ガイド役はしなかった。ガイドは政府公認の職業だから、自分がそれをすることはできないのだという。ゴハリは、アラビア語が話せないわたしたちのトラブル処理のためにいたのだ。しかし、そのゴハリの口利きで、わたしたちは他の観光客がまず見ることができないような地下室を見ることになった。

砂漠の中の二メートル四方くらいの小さな小屋に入ると、中に垂直に下りるらせん階段があった。それを一三〇段近くひたすら下りていったら、地下道があった。人が歩くたびに砂ぼこりが立つ。分岐した地下道の先には四つの部屋があった。医者の家だという。

部屋の壁にはきわめて保存状態のいいヒエログリフが鮮明に浮かび上がっている。その鮮明さはきわめて印象的だった。地表から三〇メートルはありそうなこんな地下に、どうして部屋を作ったのだろうか。それとも、部屋ができた頃はそんなに深くはなかったのだろうか。解けない疑問を抱えたまま、わたしたちはまた垂直の階段をのぼった。上を歩く人の砂ぼこりが頭にかかってくるが、防ぎようがない。

普通のツアーでは行くことができない未公開の地下室（サッカラ）

サッカラの丘には、現在発掘中と思われる場所もたくさんあった。そんなのを見ると、ここにはまだまだ未確認の遺跡がたくさん眠っているのかもしれない、そうだとしたら、そこから何が出てくるのだろうか、と興味をかき立てられた。

丘の高いところからは、遠くにギザの三つのピラミッドが眺められた。階段ピラミッドから少し離れた場所に、マスタバ墳と呼ばれる当時の貴族の墓もあった。

石室の壁や屋根は煉瓦や石で作られ、屋根は平坦な四角形であったが、高さがあまりないので、発見されるまでは屋根は砂に覆われていたのだろうと推測された。実際、周囲の砂を取り除いたような窪みに、マスタバ墳はあったのである。狭い入り口を入った石室は、壁にたくさんのレリーフが施され、赤色の彩色だけが残っていた。そこに描かれた壁画は、当時の生活をしのばせるものなのであろう。小麦を収穫する絵、舟の上の男たちが網で川魚を漁獲する絵、牛を追う農夫たちの絵、果物を入れた籠を頭に載せて運んでいる女たちの絵などなど。

そういう絵を見ていると、五〇〇〇年前の生活は、思ったよりも幸福だったのではないかと思えてきた。その豊かな自然の恵み。現代の世界が進歩の代償に失ってしまったものが、そこに描かれているような気がした。

サッカラの丘を下る時、前方に広々とした緑の低地が見えてきた。運転手のZさんが、「オアシス」という。わたしたちはバスを降りて、オアシスを背景に写真を撮った。オアシスというのは、砂漠のど真ん中で湧水がたまった池という感覚が強かったが、どうも地下水が取れるところならどこでもオアシスのようだ。とするなら、ナイル川そのものが巨大なオアシスの創作者なのだ。

ピラミッドかラクダ乗りか（三月一二日昼間）

サッカラからの帰途に、羊毛やラクダ毛のカーペット工場を見学した。工場の二階は売り場になっていて、自然に二階に案内されたわたしたちに、店員は何かを買わせようと熱心に説明した。しかし、どれも気に入った品物は、日本円に換算したらびっくりする値段で、とても買えるような代物ではなかった。「ここに、なぜ来たのかな」と思ったが、ルクソールでのパピルス工場と同じで、運転手さんの都合だろうと考えて納得した。

ラクダの毛が、こちらでは布地の原料に利用されているのだということを、この時初めて知った。アスワンの若い「バクシーシ兵士」が着ていた軍服が、ラクダの製品だったのだというのも、その色合いや生地の感じからここで分かったことである。カーペット工場で働いているのは、全員が小学生か中学生くらいの女の子ばかりで、ビデオをちょっと回したら、小声で「バクシーシ」が聞こえてきた。

カーペット工場を出た頃には、時刻はもう昼になっていた。この日の夜に披露宴がある。新郎新婦さんの友人のマコとユミサンは、わざわざ和服を用意してきていた。その着付けもあるので、あまりゆっくりはできない。

運転手さんは、「ホテルに帰らなくてもいいか？」と聞き始めたが、「ちょっと待って」という気分になった。エジプトに来て、ギザのピラミッドもスフィンクスも見ないなんて、それはない。思わず、「回ってください」と頼み込んだ。

ギザのピラミッドは、カイロの町を遠望する高台の上にあった。バスは、チケット売り場から、クフ、カフラー、メンカウラーの順に通り過ぎると、この三つを、少し距離を置いて眺められる場所に止まった。そこも観光のポイントになっているのだろう。止まったところには、ラクダに観光客を乗せることを仕事にしているエジプト人たちがたむろしていた。「今度エジプトに行った時には、ラクダに乗りたい」というのが、マコの希望でもあったのだ。仁太のお母さんとわたしを除いた女性四人は、ラクダに乗ることになった。妻も、興味を持ったらしく乗りたがった。

一度に四人の客たちが来たせいか、ラクダ引きのエジプト人男性たちは四人を自分の客にしようと群がってきた。しまいには、一人のラクダ引きが四人のうちの一人を、強引に自分のラクダに引っ張っていこうとする。すると、それを引き止めて別の男が自分の方に連れていこうとする。女性陣の中から悲鳴が上がる。ラクダ引きの男たちの間でも、ののしり合いが始まる。こうなると、収拾がつかない。そばにいた警官（そう、警官がいたのだ）が仲介に入った。付き添いのゴハリや運転手のZさんも心配して寄っていった。警官が入って騒ぎは収まり、四人はそれぞれのラクダに乗った。こちらは、誰のラクダだろうと関係はなかったのだが、ラクダ引きの人たちにとっては死活問題なのであろう。

わたしは心配しながらも、そんな様子やラクダに乗って歩き始めた四人をビデオに収めていた。すると、今度は、いつの間にか一人のエジプト人がわたしのところにやってきて、何事か騒ぎだした。きっと、「なんで勝手に撮影しているのか？」ということだったのだろう。どうしようと思う間もなく、ゴハリとZさんがすぐそばに来て、わたしを彼から引き離し、わたしをバスの中に押し込んだ。文句を言っていた男は、二人がどうにかとりなした。

そしてゴハリとZさんはすぐにバスを出発させた。わたしは助けられた。一方、ラクダに乗っている妻は妻で、楽ではなかったようだ。あとで聞いたところでは、妻の乗ったラクダだけがなぜか他の三人より離れて歩いていたが、その時、妻はラクダ引きから「バクシーシ」をねだられていたというのである。あとで聞いたところによると、四人が四人とも離れた場所に連れていかれ、それぞれがバクシーシをねだられたそうだ。どいつも、こいつも、という感じだが、怒ってどうなることでもなかった。ピラミッドのそばのラクダ乗りも結構大変な冒険なのだ、と実感した。

バスは、メンカウラーのピラミッドの近くに停車した。わたしたちは降りて、そのピラミッドの入り口にまで行ったが、時間がなくて、結局、ピラミッドの内部は一回も見ることなく終わった。

帰途に、スフィンクスの脇の道路を通った。Zさんはバスを止めてくれた。みんな降りてスフィンクスを背景に写真を撮った。

降りてみて初めて、スフィンクスと三つのピラミッドの位置関係を理解することが

ギザの巨大なスフィンクスの前で記念写真

できた。スフィンクスは、中央のカフラーのピラミッドの参道の位置を占めていたのである。またスフィンクスは、もともとあった岩山を彫り込んでいったものだというのが、見ていてすぐに観察できた。というのも、スフィンクスの胴体にあたるところは、地層がむき出しで見えていたからである。そして、それと同じ配列の地層が、スフィンクス周辺の人工的に切り取られた岸壁にもあった。とはいえ、岩山を彫り込んでスフィンクスの形にするには、相当の労力と技術が必要だったに違いなかった。

わたしたちが、歩道で写真を撮ったりしていると、小学生のような集団が通った。遠足でピラミッドを見に来たという感じだったが、外国人観光客に慣れているのか、「ハロー」などとわたしたちに声をかけながら通り過ぎていった。

スフィンクスの視線のすぐ正面にはギザの町がある。その街のピラミッド通りに面したレストランで昼食を取った。あえて日本風にメニューをいえば、チキン焼きとか焼き飯に似たもの、つまり無難な料理を、みんなが注文した。Zさんは、羊のシシカバブー。これが二度目のエジプト料理になったが、ルクソールの時よりは食欲があった。

帰りを急がなくてはいけなかったのだが、バスはまた途中のパピルス商品販売店に道草をした。店内には、ルクソール西岸の店にはなかったようなたくさんの種類の商品があり、より豪華でもあったので、買いたい気もしたが、かなり高価だった。結局、わたしはそこでは何も買わなかった。

暴走ドライブ（三月一二日夜）

披露宴は夜の八時からだったが、わたしたちは七時にホテルを出た。みんな正装になっていた。ユミサンとマコは、和服である。二人の和服は、やっぱり珍しいらしく人目を引いた。

仁太は、美容院で着付けやお化粧に出ている。まずは、みんなでそこに迎えに行くそうだ。サイエットは、薄紫色の派手めのスーツ姿で車に乗り込んだ。わたしたち六人が乗るのは、サイエットの友人たちの自家用車だった。わたしたち夫婦の車は、「オクトパス（タコ）」というあだ名を付けられている二六歳の男性だった。人のことは言えないが、公認会計士の彼は、若いのに完璧に禿頭《とくとう》である。あだ名はそこからきているらしい。

サイエットの乗った赤い車は、「きょうはわたしの結婚式ですよ」と分かるような飾り付けをしていた。しかし彼らの、ホテルから美容院までの約二〇分のドライブは生きた心地がしなかった。

片側三車線の道路は、時刻の関係もあって混雑していた。しかしすべての車が、その混雑した状態のままで、まるで高速道路を走るみたいに飛ばし合っているのだ。その上、車線変更はいきなりするわ、急ブレーキはかけるわ、クラクションはしょっちゅう鳴らすわ、車がみんなこんな運転をしているのに、車の直前を素早く横切ろうとする人間はいるわで、わたしと妻は、しょっちゅう「わあっ」「おおっ」と叫び声を上げていた。

おまけに、オクトパスは、エジプトのリズム感あふれる音楽をテープでがんがん鳴らしている。これでは、まるでカイロの道路全体に暴走族が溢れ出ているようなものだった。そう考えた方が、分かりやすい。

化粧はアラビア風、口からは宮崎弁（三月一二日夜）

美容院に着いた時は、オクトパスには失礼だが、やっと車から降りられると、ほっとした。案内されて美容院の中に入ると、仁太がいた。彼女はすでに純白のウエディングドレスに身を包んでいたが、顔の化粧を見た時、少しびっくりした。化粧がきついのである。頬骨あたりが赤く塗られ、眉毛もまつげも黒く長く縁取られ、頭は日本の昔の丸髷のように結われている。日本人の面影が、化粧によってかき消され、新しいアラビア人が生まれたかのような顔だった。

それでも仁太は、昨夜の不調を感じさせない元気さで、わたしたちを迎えた。そして、その口から、家族や友人に向かって宮崎弁がぽんぽん出てくるのを見ていると、妙な気分になったものだ。

結婚披露宴　まずは音楽隊、そしてプロ歌手の登場（三月一二日夜）

そこから一〇分ほど引き返したところが、きょうの披露宴会場で、軍関係の建物らしい。なんでも、サイエットが宮崎の留学から帰国して、しばらく勤めていた日本料理店のオーナーが、ムバラク大統領の息子で、その縁がもとで借りることができたという話だった。

ちょうど八時に、新郎新婦を乗せた友人運転の車が、建物の前の道路に止まった。すると、道路と建物の間の通路にいた二、三人のトランペッターが高らかな音楽を奏でだした。ビデオのカメラマンがライトを明々とつけて、車の中に座ったままの二人を照らし出す。

二人が車から出て、腕を組んで並ぶと、二人の家族が周りを囲むように集まる。二人が歩き始めると、トランペッターも家族も少しずつ玄関に移動していく。

新郎の母親が、時々、人差し指を曲げて口にくわえ、ヒュルルーというかん高い音

和服姿のマコ（一番前）とユミサン、二人の間に仁太の妹の由美子さん

を鳴り響かせる。それをすることが、結婚式で母親が喜びを表すための習わしなのだという。行列は、歩いては止まり、止まっては歩く。参加者もゆっくりとそれに付いていく。「えらい、ゆっくりしているなあ」と思ったが、実はまだまだ序の口だった。

こうして披露宴は、いつ始まるともなく始まっていた。トランペッターに導かれた二人は、玄関を抜けると、吹き抜けの大きなホールで、音楽隊の本格的な祝福の歌や円舞を受けた。二〇人ほどの音楽隊は、トランペット、ドラム、タンバリンなどで、にぎやかな

音楽隊に誘導されるサイエットと仁太

曲を奏でながら合唱したり、円を作って踊ったりした。たくさんのお客さんがその円舞を取り囲んで見ていた。歌の意味が全く分からないのが、残念なことだった。円舞の途中で、時に、新郎新婦や家族を引き立たせて盛り上げる場面が作られたりした。ホールでの踊りはこうして四〇分くらい続いた。ホールから披露宴会場に入るまでも、その間の通路で、にぎやかな歌が続いた。

結局、新郎新婦が車を道路に横付けしてから、参加者全員がテーブルに着席するまでに、一時間かかった。新郎新婦は、部屋の中央のたくさんの花に囲まれた豪華な椅子に着席した。参加者もフロアーに用意された二〇卓ほどの円卓についた。日本から参加したわたしたち六人は、新郎新婦のすぐ隣の席に案内された。

さて、日本だと、ここから司会者が登場することになるのだが、それらしい人はいない。あとで分かったことだが、この会場の責任者があらかじめ準備された順番に従って、目立たないように進行しているということだった。また仲人もいなければ、来賓挨拶も、乾杯もない。ついでに言えば、テーブルの上には、ミネラルウォーター以外は何の料理も置かれていない。ただ、初めのうちは甘いジュースが置いてあったが、そのジュースも三〇分くらいで下げられた。みんなが着席して、まもなく始まったのは、専属のバンドをかかえたプロ歌手の歌だった。

一曲目の一番は、みんな座って聞いていた。二番目から、歌手が新郎新婦を手招きして二人をフロアーの中央に呼び、二人は向き合って踊り始めた。すると参加者が、二人の周りに集まって円陣を組むような形になり、歌に合わせて手拍子をとり始めた。

それを遠慮して見ていたわたしたちにも、見知らぬ人から誘いがかかり、円陣の輪の中に連れていかれ、しまいには「踊りなさい」ということになってしまった。そう言われても、わたしは素面である。こんなにぎやかなお祭りに、まずは酒と言いたいところだが、ここはなにせ禁酒の国。周りの人々のにぎやかさ、華やかさ、喜ばしさにまぎれて、慣れない踊りをする羽目になった。しかし、なんとも様にならない感じがしたが、誰もそんなことは気にしていない様子だった。

時には、飛び入りのように一人で輪の中に入っていって、踊りを披露する人もいる。周りの人は、それに手拍子をとりながら楽しんでいる。

失敗した来賓挨拶（三月一二日夜）

エジプトでする披露宴とはいっても、花嫁は日本人である。日本式の要素も二カ所作られた。その一つがわたしの挨拶である。

出発する前に仁太から、「先生のスピーチを入れるからね」と念を押されていたのである。それで、学校に来るＡＬＴの先生に、英語の挨拶文の添削をしてもらっていた。だから準備はできていたのだが、いつ番が回ってくるか、全く分からなかった。出番は、最初のプロ歌手の歌が終わった直後に、いきなり回ってきた。

マイクの前に立って原稿を読み始めたが、気がつくと、原稿を持つ手が緊張でふるえていた。あがっていると思ったが、ふるえは最後まで止まらなかった。新婦の高校時代のこと、新郎に仁太の実家で会った時の印象をしゃべった。しゃべったというより、読んで、一段落したところで、声を止めた。

日本の結婚式で時折耳にする「五つの袋（お袋、給料袋、熨斗袋、胃袋、堪忍袋だったたか）を大切に」の話があるが、それは長くなるので、旅行の前に三つの袋（お袋、胃袋、堪忍袋）の話に変更していた。これを読むか読まないか、迷った。間ができたので「ソーリー」と言って、また詰まった。

会場から笑い声が聞こえた。「ええい」と思って、とうとうそこを読み始めた。わざわざ用意した布袋《ぬのぶくろ》をみんなに見せながら、「お袋は、母親を意味します」という展開になっては、エジプトの人たちにとっては、チンプンカンプンだったに違いない。

冷や汗の挨拶の最後は、「サイエットは日本で生活することになりますが、エジプトの家族、友人の皆さん、安心してください。わたしたちが、新しい家族、友人になりますから」と締めくくった。席に戻ると、隣に座っている仁太のお母さんから「長すぎたね、先生」とあっさり言われ、「やっぱりね」という感じだった。

日本式のもう一つは、マコとユミサンが歌うカラオケだった。といっても、そこにカラオケの設備はなかったので、二人は宮崎のカラオケ屋さんを何カ所か回って録音したテープを持参していた。それを、これも持参していたラジカセに入れて歌ったのである。

歌と踊りと食事とタバコ（三月一二日夜）

二人のカラオケのあと、二組目のプロ歌手とバンドが出てきて、また歌と踊りが始まった。この時も、初めは歌手が歌っていたが、あとではまたみんなフロアーに集

なまめかしい踊りを披露するベリーダンサー

まって、さっきと同じように楽しみだした。

二組目の歌が終わると、三組目はベリーダンスだった。若い女性が体を柔らかくくねらせて、官能的な踊りをするのだが、これはエジプトの昔からの芸能だそうである。その女性はエジプト人かと思っていたが、あとで聞いたところでは、アメリカからエジプトの大学に留学していた女性が、アルバイトでやっているらしかった。

この時までに、歌手が二組、ベリーダンサーが一人出てきたが、テーブルの上にはまだ料理はなかったのである。

わたしたちのテーブルには、サイエットのお父さんや友人たちが時々来ては、話しかけてきた。仁太の妹に、「どうですか、エジプトの披露宴は?」と尋ねる人もいた。妹は、「何もかも二人が中心になっているので、こっちの方がいい」と答えていた。たしかに、それはそうだった。日本だと、結婚式は依然として「両家」の問題であるし、仲人という他人をたてまつり、来賓挨拶では職場の上司や出身校の恩師が顔を出す(わたしの挨拶がまさにそうだった。あれは日本のやり方をこの場で再現させたのである)。司会役も最近はプロに頼んだりする。つまり、日本の場合、儀式的・形式的要素を非常に重んじるものになっている。それからすると、エジプトの結婚式は、そういったことが全くない。妹さんは、そこが気に入ったみたいだった。

ダンスが終わったのは夜の一一時過ぎだった。そして、それからやっとお食事タイムになった。飲み物は水だけという状態で三時間が経過していたのである。食事は、セルフサービスだから、自分で取りに行くことになる。列を作って、みんなは皿に料理を盛りだした。悲しいことに、ミネラルウォーターはあるが、アルコールがない。チキンや果物を取るには取ったが、チキンの味付けにはまた参った。酒があれば、それでなんとか舌をごまかすこともできる。酒を自分で用意しておけばよかったとつくづく後悔した。そして、エジプトの人たちはというか、イスラーム教徒の人たちは、歌と踊りだけで、よくもこんなに延々と時間をつぶすことができるものだと、ほとほと感心した。

ところが、ことタバコに関しては、イスラーム教も禁止していないようである。よく考えてみれば、イスラーム教が誕生した七世紀（正確には六二二年）には、タバコはまだアメリカ大陸の外の世界には伝わっていないのだから、イスラーム教の創始者であるムハンマドもタバコなるものを知らなかったのだろうし、タブーの一つに加えることもなかったのだろう。タバコが酒の代わりになっているということではないだろうが、エジプト人はよくタバコを吸う。披露宴でも、わたしに話しかけてくる人は、座るとまずタバコの箱をわたしに差し出して、「どうぞ」という感じで一本勧めてくるのである。それが、挨拶代わりになっていた。そのやり方を覚えたわたしも、マイルドセブンという銘柄のタバコを出して、「日本のタバコです」と勧めた。

サイエットの友人にアリという人がいた。アリはよくわたしの席にやってきて、いろいろと話をしたがっていた。どうも、アリはわたしが気に入ったようで、わたしが日本に帰ったあとも、びっしりと書き込んだ手紙を送ってきた。エジプトに新しい友人ができたのだが、手紙の交換も英文でないと通用せず、途中で、いつの間にか交流は立ち消えになった。

お開きの頃（三月一二〜一三日深夜）

料理が出てからも、三人目の歌手が登場してきた。結局、この披露宴には、音楽隊一組、それぞれの専属バンドをかかえたプロ歌手三人、ベリーダンサー一人という出し物が出された。何でも、かなり高額な費用になったはずだということだった。

三人目の歌手がまだ歌っている途中から、参加者がぽつりぽつりと帰り始めた。新郎と新婦に挨拶して、三々五々と出ていく。それでも宴会は終わらず、歌手も歌い続けている。そして、歌手の歌が終わった頃には、お客さんはずいぶんと少なくなっていた。新郎新婦とその家族や友人など、身近な人たちが、式場の建物の入り口に集まって、披露宴最後の写真を撮り始めた時には、すでに翌日の午前一時半になっていた。五時間半の披露宴だった。

これで、すぐホテルに帰れるかと思ったが、そうはいかなかった。わたしたちを乗せたサイエットのお父さん、それにサイエットの友人たちが運転する車は、真夜中のカイロの街を、またあの猛烈なスピードで走り始めたのである。たしかに、飲酒運転は一人もいない。サイエットのお父さんの運転も、決して若い人たちに負けてはいなかった。

そして、とうとうオクトパスと他の友人の車がお互いに後部同士で、ぶつかった。わたしたちは、後ろを走りながら、その瞬間を目撃した。ところが、二台とも、何事もなかったかのようにそのまま走っていくのだ。全く意に介していない。この分だと、あとで補償問題になることもなさそうだ。日本ならこうはいかないが、しかし、人身事故の時はどうなるのだろうか。

サイエットのお父さんも弟も、車の中でエジプトの音楽をガンガン鳴らして、歌手

ナイル川の橋の上で歓声を上げる披露宴参加者たち

と一緒に歌っている。ハンドルを握らない方の手は、空でタクトを振るようにしてリズムを取っている。しまいには、お父さんは「お前も一緒に歌え」というようなジェスチャーをして、わたしに催促した。わたしは知らんふりもできないので、小声でハミングする格好になった。きっと、お父さんは、なんておとなしい奴だと思ったに違いない。

披露宴を終えた一団の車が目指していたのは、ナイル川の橋の上だった。橋の中央あたりに来ると、五、六台の車が脇によって駐車した。そして、みんな車から降りた。新郎新婦も家族たちも友人たちも、橋の上で、歓声を上げ、歌を歌い、写真を撮り合っている。すると、いつの間にか二人の警官が近づいてきた。それを、ゴハリが警官にお札を握らせた。警官は何も言わなかったが、立ち去りはせず、様子を見ていた。本当は、橋の上で駐車してはいけないのだそうだ。ところが、新婚さんが披露宴のあと、ナイル川の橋の上で、歓声を上げて騒ぐのも、カイロの人たちの習わしになっているというのだから、警官もやかましくは言わなかったのだろう。

わたしたちは、深夜の二時過ぎにホテルに帰り着いた。

エジプト考古学博物館（三月一三日午前）

あまり十分な睡眠を取れないまま、翌日は八時過ぎにホテルの二階のレストランで朝食を取った。バイキング料理である。おいしいオレンジジュースをたっぷりと飲めるのがよかった。ホテルはナイル河畔にあったので、朝食を取りながら、ゆっくりと川の流れや対岸の風景を眺めることができた。

きょうは、市内観光である。きのうの運転手のZさんが、同じバスで迎えに来てくれた。最初に、ホテルに近いエジプト考古学博物館に行った。ここは市内観光の目玉の一つである。

館内には、エジプト国内から出土した多くの遺物が展示されている。石の棺、ヒエログリフの石板、御影石のような黒い石のファラオ（王）などなど。

ここは、フラッシュをたかなければカメラはOKだったので、ほとんどの人がツタンカーメンの「黄金のマスク」の前でシャッターを切っていた。ビデオは、持ち込み禁止ではなかったが、持ち込み料が日本円で三〇〇〇円もしたので、車に置いてきた。

この博物館の最大の見物は、なんと言っても、ツタンカーメンの墓から出てきた遺物であろう。ルクソール西岸の王家の谷でのツタンカーメンの石室は、そんなに大きくは感じなかった。しかし、その中に、こんな大きな物があったのかと思うくらい、展示物は大きかった。ツタンカーメン関連の「黄金のマスク」などの遺物は考古学博物館の二階にある。

まずは、四個一組の大理石のカノプス容器である。これは、摘出されたツタンカーメンの肺、胃、肝臓、腸が入れられていたのだという。こうした内臓を摘出するのは、遺体の腐敗防止のためらしい。容器は、蓋をしてそれぞれの櫃《ひつ》（家具用の大きな箱）に納められ、さらに櫃が黄金製の厨子《ずし》に収容される。厨子は、仏像や骨を納める家具である。この厨子はより大きな厨子に入れられ、結局、四重、五重に囲われている。

内臓が摘出された遺体は、包帯で巻かれ、顔には「黄金のマスク」がかぶせられた。マスクの額《ひたい》には、王権の象徴とされる禿鷹《はげたか》とコブラが、これも黄金で彫刻されている。ここまで処理されたミイラは、人型の黄金の棺に入れられ、その棺はそのまま別の二つ目の金の棺に収められ、最後に三つ目の金の棺に入れられた。つまり、ツタンカーメンのミイラは三重の金の棺に眠っていたのである。

副葬品もすごかった。金、緑色、赤色、青色、紫色の貴石を細工して作った襟飾り。胸飾りには、はやぶさ、スカラベ、翼を持った太陽、女神、カルトゥーシュ（長楕円形の線の中にヒエログリフで王の名前を彫刻したもの）などが描かれている。

わたしたちは、それらの色合いの鮮やかさ、豪華さもさることながら、それを作り

当時のエジプト考古学博物館に置かれた「黄金のマスク」の前で記念写真

上げた手の技術、内面的な美の感覚にも驚嘆を覚えさせられた。こうした栄耀栄華の粋を極めた絢爛《けんらん》たる財宝は、三三〇〇年前の王権の強大さを余すところなく物語っていたのである。

博物館で、もう一つ印象的だったのは、以前は公開されていなかった二階のミイラ室が、別途料金で見られたことである。中は、照明が極度に落とされていて薄暗かった。冷房もきいていて、涼しかった。そこに無言のミイラが約一〇体安置されている。ガラスケース越しに見るミイラのなかには、髪の毛がそのまま残っているのもあって、これを単なるモノとして見るのか、生身の人間の一部として見るのか、あまり気持ちのいいものではなかった。葬られた者の立場からすると、数千年の後に、自分の体の一部が生身に近い状態で残ることこそ、本望なのだろう。しかし、生きている側の人間がこれを見ると、その日常感覚を超えているものを提示されたようで、落ち着かない気持ちになる。わたしは、何か、いわく言いがたい感情を味わいながら、ミイラ室を出た。

もちろん、エジプト考古学博物館で見る対象となるものは、他にもたくさんある。一階入り口正面の「ラムセス二世の巨大な立像」、同じ一階の「ジョセル王座像」（階段ピラミッドの王）、「ハトシェプスト女王のスフィンクス」などである。

ムハンマド・アリー・モスク（三月一三日午前～昼）

博物館を出ると、バスはカイロ市内を抜け、南東に向かった。途中、オールド・カ

ムハンマド・アリー・モスクで出会ったムスリムの女性

イロという古い通りも走った。築何百年？　と聞きたくなるような煉瓦造りの古い家並みがあった。

そこからしばらく、一〇〇〇年前の代物という高さ二～三メートルの水路遺跡に沿って走ると、前方の高台の崖の上に大きなモスクが美しいシルエットのように見えてきた。それが、ムハンマド・アリー・モスクだった。

バスは崖の反対側にまわった。モスクの周囲は高い石垣で囲まれていて、それを歩いてくぐり抜けると、中には大きな広場があった。モスクの入り口に行くと、参拝客はみな靴を脱がされ、大理石の上を靴下のまま歩くことになった。しかし砂がざらざらして、靴下の裏はすぐ汚れた。

モスクの内部は、一つの大きながらんどうの空間になっていた。ドーム型の高い天井から大きなシャンデリアが下がり、たくさんのランプが大きな円形に明かりを灯していた。建物の壁のところどころから、きれいな色のステンドグラスを通して外の光が差し込んでいた。

観光客相手の、コーランを唱える声ががらんどうの空間に響いていたが、タイミングが悪かったらしく、わたしたちが入るとすぐに終わった。全体は薄暗く、荘厳な雰囲気が漂っていた。入り口の近くに正座して、しばらくあたりの様子を見た。

正面の祭壇の脇には、お祈りをするところが作られていて、そこで、顔を手で隠して目をつむり、願いごとを唱えるとかなえられるというので、わたしは半信半疑でやってみた。願いごとは、ただ一つ、「旅行が無事に終わりますように」だった。

壁際のいろんな建具類は、緑色や金色で塗られていて、いかにも贅を尽くしているという感じだった。

中庭の北側には時計台があった。しかし、そのガラスは割れ、時計は止まり、老朽化していて、このモスクにはそぐわなかった。この時計台のことは「ルクソール神殿」の項でもふれているが、そこにあったオベリスクがフランスに贈られたことの返礼として、この時計台がフランスから贈られたのである。

モスクの裏手には広場があり、広場の端からは崖になっていて、カイロ市内をすぐ足許に眺めることができた。市の中心部は遠くにあったが、全体がもやがかかったように霞んで見えた。これも砂なんだと思った。

カイロの空は、いつもこんなに霞んでいるのだろうか。カイロの人たちは、こんな空気を吸って生活しているのだろうか。体を悪くした人はいないのだろうか。あれこれと気になった。

このモスクは、カイロ市内の学校の遠足（?）の場でもあるらしく、広場には中学生の年代の子どもたちが集団で来ていた。みんなニコニコして人なつこい。休憩を取った場所が同じになった子どもたちがいたので、話しかけた。

「君は、背が高いね。何歳?」。すると、周りの子どもたちが、それだけできゃっきゃっと笑いだした。「二三歳」、質問された子は小さな声で答えた。話はこれだけで終わってしまったが、明るくて屈託のない子どもたちばかりだった。純粋なのだろう。

この日の昼食は、カイロ市街地のレストランで取った。運転手のZさんのお勧めで、カイロでも人気の高い店なのだそうだ。事実、店は満員で、わたしたちは三〇分くらい待たされた。テーブルに着くと、注文を取りに来た。Zさんは、ここはシシカバブーがおいしいのだと言って、自分からそれを注文した。わたしも、エジプトに来たのだから一回くらいは挑戦してみようと思って、シシカバブーを注文した。

シシカバブーは羊の料理である。羊肉を串刺しにして焼いたものが出てきて、これに用意された調味料をつけて食べる。パン、サラダがつき、飲み物は別注文である。

一人に五本くらいの串焼きが出てきたが、まずは、ちょっと脂っこすぎた。それと、調味料。どうも慣れることができない。まず一本目を食べて、おいしいとは感じられなかった。二本目の感想も同じ。三本目も、残すのはもったいないという感じで無理矢理食べた。エジプト旅行中なので、ビールでも、が通用しない。だから、アペタイザーもない。Zさんは、ニコニコしながら、おいしそうに食べている。わたしは我慢するしかなかった。

　こうして口に合わないものばかり食べていると、無性に日本料理が食べたくなった。刺身が食べたい、寿司が食べたい、ビール、焼酎を誰に気兼ねすることなく飲みたい。あしたはもう出発だから、今夜はぜったい日本料理店に行こう。

ハーン・ハリーリー・バザール【値段交渉と人名論と文化論】（三月二三日夜）

　エジプト最後の夜は、カイロ市内で最も有名なみやげ物市場、ハーン・ハリーリー（仁太の発音ではカン・ハラハリー）で、最後の買い物をすることになった。

　この市場の真ん中にサイエットの父親が経営する店舗があった。一階が店舗、二、三階が自宅、四、五階が貸しアパートだった。家庭は豊かで、そのおかげでサイエットの向学心は満たされていたのである。

わたしたちの行動にはいつも、サイエットの友人たちが付いてくれていた。きょうの博物館やモスクにも、ずっとサイエットの友人のアリとサイエットのいとこのアリがいた。

それに加えて、このバザールには、ゴハリ、オクトパスなど、それまでに会ったサイエットつながりの友人たちが勢ぞろいで来てくれていた。サイエットも仁太も来た。わたしたちが、サイエットと仁太の案内でバザールの中の店を回り始めると、かの友人たちは通路脇に椅子を置いた喫茶店に陣取り、わたしたちの買い物が済むのを待った。

さて、わたしたちはここで、仁太がエジプト人店員との間で繰り広げた、値段交渉の迫力に圧倒されることになった。彼女は、女性陣がみな、青紫色の貝殻の細片を上蓋に張り付けた、螺鈿《らでん》細工の宝石箱をみやげにしたがっているのを知ると、「まとめ買いしよう」と言って、その合計数の見当をつけた。そして、店員を相手に値段交渉を始めた。なにせ、数は二〇個以上になる。

彼女と店員は、英語でやり合った。店員は、どうしてもそれ以上は下げられないと

書　名				
お買上 書　店	都道 府県	市区 郡	書店名	書店
			ご購入日	年　　月　　日

本書をどこでお知りになりましたか?

1.書店店頭　2.知人にすすめられて　3.インターネット(サイト名　　　　　)

4.DMハガキ　5.広告、記事を見て(新聞、雑誌名　　　　　)

上の質問に関連して、ご購入の決め手となったのは?

1.タイトル　2.著者　3.内容　4.カバーデザイン　5.帯

その他ご自由にお書きください。

(　　　　　)

本書についてのご意見、ご感想をお聞かせください。

①内容について

②カバー、タイトル、帯について

弊社Webサイトからもご意見、ご感想をお寄せいただけます。

ご協力ありがとうございました。

※お寄せいただいたご意見、ご感想は新聞広告等で匿名にて使わせていただくことがあります。

※お客様の個人情報は、小社からの連絡のみに使用します。社外に提供することは一切ありません。

■書籍のご注文は、お近くの書店または、ブックサービス(0120-29-9625)、セブンネットショッピング(http://7net.omni7.jp/)にお申し込み下さい。

料金受取人払郵便

新宿局承認

7552

差出有効期間
2024年1月
31日まで
（切手不要）

郵便はがき

160-8791

141

東京都新宿区新宿1－10－1

（株）文芸社

愛読者カード係 行

ふりがな お名前			明治 大正 昭和 平成	年生 歳
ふりがな ご住所	□□□-□□□□			性別 男・女
お電話 番 号	（書籍ご注文の際に必要です）	ご職業		
E-mail				
ご購読雑誌（複数可）		ご購読新聞		新聞

最近読んでおもしろかった本や今後、とりあげてほしいテーマをお教えください。

ご自分の研究成果や経験、お考え等を出版してみたいというお気持ちはありますか。

ある　ない　内容・テーマ（　　　　）

現在完成した作品をお持ちですか。

ある　ない　ジャンル・原稿量（　　　　）

譲らなかった。すると彼女は、わたしたちには聞き取れないくらいの早口の英語でまくしたて、挙げ句に「別の店に行こう」とみんなを誘った。それを見た店員は、あわてて引き止めにかかり、結局、仁太の言い値を飲んだ。仁太の勝ちである。わたしたちは、彼女のその勢いにびっくりした。なんと、たくましいことか。こういう交渉は、サイエットもできないという話だった。

別の店で、わたしたち夫婦は息子への買い物をした。金属製のカルトゥーシュの盤面に、息子の名前をヒエログリフ（象形文字）で刻み込んでもらうのである。ヒエログリフは、すべて完全にではないが、アルファベットの文字に対応する。だから、ローマ字で名前を書けば、それに対応するヒエログリフを金属面に刻んでくれるのである。

しかし、その場で頼んでその場で作ってもらうことになるから、いささか待ち時間が生じた。他のみんなを待たせる形になってしまったが、わたしたちもアリたちの座っている露店で紅茶を取り、休息した。この時、初めて、仁太、ユミサン、マコ、わたしたち夫婦が、ゆっくり話すことになった。ユミサンが、「先生、ここでミニ同窓会やね」と言った。このメンバーで会うと、必ず定番で出てくる昔のクラスの思い出話を、彼女らが切り出したり、こちらが蒸し返したりした。

エジプトの人たちとは、名前や住所の交換をした。その時、名前のことでふっと聞きたいことが出てきたので、オクトパスに尋ねた。「どれが、あなたのファミリーネームですか？」。帰ってきた返事は意外なものだった。ファミリーネームはないというのである。

例えば、アリ・モハメド・サイエットという名前の人がいるとすると、アリが自分の名前、モハメドは父親の名前、サイエットは祖父の名前なのである。これは、ちょっと妙な気分になった。

つまり、こと名前に関する限りは、「家」の観念が全くないということである。もっとも、逆にエジプト人に「家」の観念、特に儒教的なその観念を分からせることも困難なことかもしれない。わたしは、例えば日本の結婚式が、家と家とのつながりになっているのをおかしいと思う部類の人間だし、どちらかといえば家というものにはあまり縛られたくないと思っている方だが、名字がないと、どういうことになるのか、考えてみたこともない。家を継ぐとか家を絶やさないという考えは、日本ではまだかなり根強い。一方、日本でも話題になっている夫婦別姓の問題は、エジプトでは無縁のことなのだろう。

文化の違いも、ここまでくると、それぞれの社会が成り立っているその根元の思想の違いというものを痛感させられる。そして、どの文化も長い歴史を経て形成されてきたのだから、相互理解も本当は簡単なものではないかもしれないのだ。文化の比較は、この世界の「異質」なものの存在を教えてくれる。われわれだけが正義でもないし、普通でもないのだ。こちらでは普通のことが、他方では変な話であり失礼なことであったりする。

ことを、名前の話から文化の問題にまで広げてしまったが、大切なことはお互いの「異質さ」を知ることだろう。それが、相互理解の始まりとなる。そうでなければ、いくら交流を深めても、いつかはうまくいかなくなる時が来るに違いない。

日本料理店（三月一三日夜）

バザールのすぐ近くに、モスクがあった。仁太は、「ここでイスラームの洗礼を受けました」と話してくれた。そのモスクは、異教徒を受け入れ、イスラーム教に改宗させる役目を持つところだという。周知のことだが、イスラーム教は、異教徒との結婚を認めない。したがって、結婚相手がイスラーム教徒でなければ、相手をイスラーム教徒にするしかない。仁太もその手続きを踏まざるを得なかったのだ。

買い物の荷物は、いったんホテルに預け、それから二人のアリの案内で日本料理店に向かった。夜の八時頃である。外からはそんなふうには見えなかったが、中に入ると、のれんがあったり、かすりの着物を着た日本人女性がいたりで、いかにも日本の小料理屋さんのような雰囲気になっていた。

何より先にまずビールを注文し、のどの奥にぐいぐいと押し込んだ。「地獄で（失礼！）仏とはこのことだ」と一人で合点しながら、のどにあたるビールの苦みをたっぷりと味わった。飲みながら、刺身や寿司も注文した。ビールが終わったら、日本酒も注文した。女性陣は天ぷらを頼んだ。

もちろん、飲み始めには、みんなで、「エジプト最後の夜に、乾杯」と気勢を上げた。日本料理を口にすることができてホッとしたのは、わたしだけではない。みんな、「これ、ちょっと材料が日本のものではないね」などと言いながら、楽しんでいたのだ。

前にも書いたが、その料理店は、サイエットが宮崎からエジプトに帰国したあとで働いていたところで、経営者は、ムバラク大統領の子息ということだった。きのうの披露宴で、みんなの前に出て一人で踊っていた青年が、その店のウェイターとして働いていた。

わたしたちを店まで案内した二人のアリは、「一緒に食事しましょう」というわたしたちの誘いには決して乗ってこなかった。二人は、わたしたちを店まで案内すると、姿を消した。そして、わたしたちが食事の興に乗っている頃にやってきて、すぐそばの椅子に座り、わたしたちの話に加わった。

二人は、一緒に食事をしない理由は言わなかった。食事に関して何かイスラーム教の戒律でもあるのか。豚肉は食べてはいけないとか酒を飲んではいけないという戒律はあるが、もしかしたら、酒を飲む日本人と最初から同席するのはモラルに反すると考えたのかもしれない。

ホテルに帰って、荷物の片付けをしていると、ドアをノックする人がいる。誰だろうと思いながら開けると、オクトパスとサイエットの親戚の男性が立っていた。市内で靴屋さんをしているその男性は、わたしたちに紙袋を差し出し、「おみやげです」と言った。思いもかけなかった出来事に、わたしたちは恐縮し、何度もお礼の言葉を返した。

さようなら、エジプト（三月一四日朝）

きょうは、いよいよ帰国の日である。例によって、バイキングの朝食を済ませると、少し時間があったので、わたしたちは近くを散歩することにした。ホテルの玄関のすぐ前に、ナイル河畔の道路がある。その道に出て、ホテルの二階を振り返ると、マコとユミサンが朝食を取っているのが見えた。ナイル川に架かる橋にさしかかった。橋の名はタハリール橋といい、ナイル川の中州になっているゲジーラ島との間に架かっている橋である。

わたしたちは、橋の上を少し歩き、対岸のゲジーラ島の景観を眺めたり、ナイル川の川面を橋の欄干から見下ろしたり、振り返って橋の先につながる道路を観察した。橋の上にも、どの道路にも、たくさんの車が走り、カイロの朝の活況ぶりを見せている。そんな様子をビデオに収めていると、橋の反対側を歩く青年が、じろじろとこちらを見たり、手を振ったりした。でも、それには知らんふりをした。へたに反応すると、何か予期しないことが起こるかもしれないと思ったからである。

空港までの移動には、またZさんのワゴン車が来た。サイエットやサイエットのいとこ、友人たちも何人か付いてきた。バスの中で、ゴハリからおみやげを貰った。ゴハリは、「手紙をくれ」と言った。わたしは「もちろん」と返事した。こんなやりとりをしていると、ほんの四～五日の短い時間のことだったけれども、異国の地で親切にしてもらった人たちと、もうすぐお別れの時が来ているのだと、少し感傷的な気分にもなった。

空港に着いて、国際線出発口の入り口で、わたしたちはエジプトの友人たちと別れた。意外にあっさりと、手を振りながら。

あと、帰国するまでの搭乗手続きなど一切の事務的なことを、わたしたちはすべてマコにまかせた。出発まで小一時間ほど時間があったので、みんなは建物の中で落ち合う場所と時刻を決めて、自由行動にした。

わたしたち夫婦は、エジプトのお札とコインがいくらか残っていたので、それを全部使い切ることにした。それで、両側にたくさんの店が並んでいる通路の真ん中で（これは、たまたまそうなっただけのことであるが）、財布の中のお札とコインを全部出して、その額を計算し始めた。すると、ある店から出てきた若いエジプト人女性が、わたしたちのそばを通り過ぎながら、いきなり「バクシーシ」と小声で言った。わたしたちは、「えっ」と思いながら、その女性を見た。しかし、彼女は声をかけただけで、あまりこだわってもいないふうで、反対側の店に入っていった。もちろん、わたしたちも、まずはあっけにとられて、何の反応をすることもなかった。

これがエジプトでの最後の思い出になった。飛行機は定刻に出発し、わたしたちは予定通りに帰国した。帰ってきて、緑に囲まれた水の豊かな風景の中に入り込み、味噌や醤油や生もののある食事に戻ると、さすがに落ち着いた。

第二章　この国を生きる

結婚までの二人

二人の結婚披露宴から現在まで、二六年の歳月が流れている。ここでは、仁太が高校を卒業してから現在に至るまでのことを、振り返って書くことにする。

仁太は、宮崎市の商業高校を卒業したあと、現在は宮崎市となっている清武町の宮崎女子短期大学（現在の「宮崎学園短期大学」）に進学した。そこで、仁太はイヤな経験をした。短大の教授が学生たちに向かって、こうしゃべったのである。「ロンドンでは、ホームレスの人でも英語をペラペラとしゃべっている」。暗に、君たちはもう十分大きくなっているのに英語もろくろくしゃべれないのか、と言っているのである。

短大の卒業後に、彼女は、アメリカ留学に必要な費用を捻出するために、二年間、自営業の父の仕事を手伝った。この間、グアムに五、六回は遊びに行ったらしい。ほとんどが高校時代の友達と一緒だった。

二二歳になって、アメリカに行った。カリフォルニア州フレズノ市で、最初はIEIという学校で三カ月間講習を受けたが、その学校がまだあるのか、分からない。

次に籍を置いたのがアカデミー・イングリッシュ・インスティテュート（Academy English Institute－Csu）で、最後には聴講生としてカリフォルニア州立大学フレズノ校にも通《かよ》った。トータルで三年間はアメリカにいた。

アメリカ留学中の仁太は時々、アメリカを離れて、諸外国に遊んだ。例えばイタリアには三カ月間滞在し、その間、父がイタリアに来て一カ月滞在することもあったり、中学時代の友人も二人連れでやってきて二カ月間遊んだ。

フランス、イギリス、スウェーデンにも行ったし、中東のイエメン、エジプトにも足を延ばした。

フレズノにいた時に、いろんな国からの留学生がいて知り合いになった。その一人に、イエメンの大統領の親戚と名乗る男性がいて、彼が「イエメンに行かないか」と誘ったというのである。その誘いを受けて、仁太はイエメンにも行った。その自宅は非常に豪勢な邸宅で、トイレの大きさが、二〇畳以上はあったという。

イスラーム教では食事の席に男女が交じって座ることはできないので、女性ばかりの部屋と男性ばかりの部屋が用意され、仁太は女性ばかりの部屋で、仁太に「来ないか」と声をかけた学生の母親の隣に座らせられたという。

そして旅行でエジプトに行った時に、仁太はサイエットと巡り合ったのである。サイエットは一九歳、仁太は二二歳であった。サイエットはその頃、旅行会社で添乗員のアルバイトをしていた。サイエットがアインシャムス大学英米文学部に在学していた頃の話である。この頃、サイエットは父の店も手伝っていた。

仁太は、アメリカ留学中に台湾人のスーワン（張素華）とも知り合いになった。スーワンは、毎年旧正月（台湾では春節という。毎年一月下旬から二月が多い）に仁太を訪ねて宮崎に来る習慣になっていて、一回だけわたしの自宅に彼女が来たので、その時に会っている。友達の輪は国際的になっていた。今は、コロナでスーワンの来日は中断している。

三年間アメリカにいて二五歳になっていた仁太は、父に呼び戻された。また、同じ頃、北九州市のコーヒー店で修行をしていた弟も、父から呼び戻された。二人は、父が広げた別の店も担当することになったのである。父の作った店は二店舗になっていた。宮崎県庁に近い喫茶店と一ッ葉にある喫茶店である。

仁太の父親は二〇〇五年に亡くなったが、それ以来、仁太の仕事は、県庁近くの喫茶店の店長である。

サイエットと仁太のうち、恋心が先に芽生えたのは仁太である。周囲には多くの若い人たちがいたが、その中で、寡黙でおしゃれで、物静かで知的で、その上スポーツ万能のサイエットに仁太は惹きつけられた。サイエットは、カイロ市内のアインシャムス大学を卒業したあと、日本語を学ぶために、仁太を頼って一九九二年頃、宮崎市に来た。この展開は、もしかしたらサイエットにも仁太への恋心が芽生えていたのかもしれない。

私立の日章学園が経営していた、南日本インターナショナル・カレッジの日本語学科コースに入学したのである。場所は宮崎市丸島町で、期間は一年半ほどであった。このカレッジには、主に中国人や韓国人が多く集まっていた。ＪＲ宮崎駅から江平の五叉路に抜ける道路の左側にあった。現在の日章学園会館である。

宮崎に来た一番の理由は、物価が一番安いということだった。サイエットが借りた堀川町のアパートの家賃が月二万円で、また学校の授業料も安かったのである。

サイエットの母親は一九九二年か一九九三年頃、「日本は地震が心配」と言っていたが、それからしばらくしてエジプトでも、地震があったという。わたしには、エジプトで地震があったことの方が驚きであった。安定陸塊でも「たまには」地震がありうるのであろう。

南日本インターナショナル・カレッジでの日本語勉強のあと、二年間、宮崎大学教育学部で英文学を学び、シェイクスピアを専攻した。

サイエットと仁太の共通語は英語であった。サイエットは、勉学に熱心で、結婚して日本に落ち着き、子どもが二人できてからも、イギリスのバーミンガム大学で通信教育を受けたほどである。サイエットの友人のゴハリ、オクトパス、アリもみな大学教育を受けていた。そのおかげで、彼らは一流のホテルや飲食店にも堂々と立ち入ることができたのであった。

サイエットにはユニークな経験がある。

宮崎大学での勉強が終わって帰国したカイロで、日本人が経営する会社で働くことになったのである。その社長というのが、小池百合子現東京都知事の父親・小池勇二郎氏である。面接の時に、社長から、どこで日本語を覚えたのかと問われたサイエットは、宮崎ですと答えた。この返事に驚いたのは、社長ご本人だった。普通、東京か大阪の名前が出てくると思っていた社長にとって、九州の片田舎の宮崎が出てくることは、想像できなかったことに違いない。

結局、社長秘書のような仕事を一年間することになった。

勇二郎氏は、その後帰国。二〇一三年五月に九〇歳で逝去した。この時、小池百合子ご本人から、父の逝去を伝えるメールが届いたという。

宮崎市役所から戸籍謄本を取り寄せてみると、二人の婚姻日は一九九五年一〇月二日で、婚姻はエジプトの方式で行われた。つまり仁太がイスラーム教徒になることを宣言した上で行われ、その証書提出は一九九六年二月二六日、わたしたちが参加した結婚披露宴は一九九六年三月一二日に行われたのである。先の証書提出から一五日後のことであった。

結婚して半年後に二人は日本に入り、以来、そのまま日本に住んでいる。二人の日本行きについて、サイエットの母親の反対はなかったという。母親は、仁太が好きだったのだ。

サイエットは日本に来てから、初めの頃は、毎年のようにエジプトに帰っていたが、最近は二年に一度くらいになっている。サイエットの父は二〇〇九年一二月一〇日に六三歳で亡くなり、母も二〇一九年四月一日に七一歳で亡くなった。

このサイエットの父親のことで、仁太がしゃべりだした意外な話がある。仁太の結婚披露宴に参加してから二六年後に初めて知った話だ。その話はわたしの妻も知っているということだが、わたしには初耳であった。

イスラーム教の教えを説く『コーラン』（クルアーンともいう）は一夫多妻制につ

いて、こう書いている。『イスラームの生活を知る事典』から引用する。

「あなたがたがもし孤児たちにたいし、公正にしてやれそうもないならば、あなたがたがよいと思う二人、三人または四人の女性を娶れ。だが公平にしてやれそうもないならば、ただ一人だけ（娶るか）、またはあなたがたの右手が所有する者（奴隷の女）で我慢しなさい」（第四章三節）

この記述が、イスラーム教では四人までの妻を持つことができるとする根拠になっているのであるが、実際は一夫一婦制が普通であるらしい。チュニジアやトルコでは、法律で多妻を禁止し、一夫一婦制を実施している。『図説イスラーム百科』は二九一頁で、『コーラン』の記述を次のように解釈している。

「もし汝ら（自分だけでは）孤児に公正にしてやれそうもないと思ったら、誰か気に入った女をめとるがよい。二人なり、三人なり、四人なり」

この部分、「孤児に公正にしてやれそうになければ、妻を二～四人娶ってよい」はなかなか分かりづらかった。ただ、「孤児に公正にしてやれそうもなければ、その孤児の中から二人、あるいは三人、四人と娶れ」と言っているのであれば、筋が通りそ

うである。次いで、

「（妻が多くては）公平にできないようならば一人だけにしておくか、さもなくばお前たちの右手が所有しているもの（女奴隷）だけで我慢しておけ」

後半は分かりやすい。娶った妻たちを公平に扱えないのなら、妻を一人だけにするか、女奴隷で我慢せよと言うのである。

「右手が所有している者」というのは、『コーラン』の記述で「奴隷の女」を意味しているのであろう。しかし、だからといって、イスラーム教が「右手が所有している者」を常に差別的に扱ったわけではない。

イスラーム教の創始者であるムハンマド自身が、四九歳の時に、年上の妻ハディージャを亡くしたあと、次々に妻を迎えた。それは一人の女性を除き全員が寡婦だったという（『イスラーム世界の基礎知識』）。その一人の女性とはアーイシャといい、六～七歳でムハンマドと婚約し、九歳からムハンマドと暮らし始めた（『コーランには本当は何が書かれていたか？』）という。

寡婦との結婚は、イスラーム教の初期に、敵対勢力との闘い（聖戦＝ジハード）で亡くなった多数の成人男子の孤児や寡婦を救うために示された啓示だという。そういう場合は、娶る側である男性の経済力も大いに必要である。

さて、ここからが、「仁太が話しだした意外な話」である。

わたしたちが初めてカイロ空港に降り立った時、サイエットもその父親も迎えに来ていた。その時、彼はわたしの妻を見て、仁太の友人だと思ったらしく、サイエットに「彼女をわたしの第二夫人にしたいが、どうだろうか」と聞いたのだそうだ。サイエットはこれに対し、「あの人は仁太の先生の奥さんだから、だめだ」と言ったという。サイエットの父親は、痩せ型の女性が好みだったそうである。なるほど、わたしの妻は痩せている。太ったことがない。

これを聞いて、わたしは爆笑した。第一章の初めの方で、カイロ空港にわたしたちを迎えに来たサイエットのお父さんが、エジプト式に抱きついて初対面の挨拶をしようとしたのを、慣れないわたしたちが躊躇したと書いているが、あれはやっぱり躊躇が正解だったと、今、思う。

サイエットの仕事

サイエットの宮崎での仕事は、基本的には英語学習、または英会話のお手伝いである。

具体的には、大人を相手にする英会話の塾を開いたり、小学校や中学校でＡＬＴとして子どもたちに授業をすることである。

その最初の仕事場が、宮崎商業高校正門の真ん前にあった啓明塾という学童保育の仕事で、放課後に集まってきた子どもたちを相手に、宿題を手伝い、サッカーをしたりしていた。

次に、宮崎市教育委員会所属のＡＬＴ（Assistant Language Teacher）として、九年ほど勤めた。しかし、これはその頃進められていた中学校でのＪＥＴプログラム（The Japan Exchange and Teaching Programme）によるものではなく、市独自で行っていた小学校の英会話教育であった。授業時間数が少なかったこともあって報酬

51歳になった現在のサイエット

も月一二〜一三万円程度であった。

宮崎市の教育委員会は、サイエットが小学校のＡＬＴを離れたあと、ＪＥＴプログラムに沿った英語教育を進めている。

ＪＥＴとは、「語学指導を行う外国青年招致事業」のことで、地方自治体が、総務省、外務省、文科省ほか一般財団法人「自治体国際化協会」（CLAIR、クレア）の協力のもとで進めている。

つまり、海外の青年を日本に招致し、全国の小学校、中学校、高等学校で、国際交流と外国語教育に携わり、地域

公民館で、生徒たちが先生を呼んで行う私的な英会話学習会

レベルでの草の根の国際化を進めることが目的となっている。国際的に見ても、この実践の意義は高く評価されている。

ＪＥＴプログラムに関する職種としては、ＡＬＴにとどまらず、国際交流員、スポーツ国際交流員などがある。任期は三年間が原則で、五年までの延長も可能である。

具体的なことを宮崎市教育情報研修センターにお聞きした。

人口約三九万八〇〇〇人の宮崎市には小学校四七校、中学校二五校、合計七二校があり、この全校に外国人ＡＬ

T二五人が配置されている。その全員がJETによる配属である。中学校の授業にはALTとともに日本人の英語教師がついて行われるが、小学校には学級担任がつくという。学校で何かあった場合には、教育情報研修センターにいる三人のコーディネーターが対応する。ALTの賃金や赴任旅費は市が負担している。

そのあと、前述のように、サイエットは二〇〇四年からイギリスのバーミンガム大学での通信教育を二年間受け、第二外国語としての英語教育の勉強を続けた。その後、派遣会社インタラックに九年間雇用され、日向市や西都市の学校に勤務した。

日向市（人口約五万九〇〇〇人）教育委員会によると、二〇二一年度で、市が直接雇用したALTが三人、派遣会社のインタラックが採用したALTが四人、計七人が、小学校一三校、中学校七校に配置されている。七人のALTはすべて外国人であり、国籍はアメリカが多いという。日向市では、二〇〇七年度から小学一年生に「英会話」の授業を取り入れており、県内では先駆的な取り組みであったという。日向市では、その頃を機に、インタラックとのつながりができ、現在に至っているという。

日向市が直接採用したALT三人は、授業時数や通勤時間が均等になるように配慮した上で、市内の中学校に配属され、日本人の英語教師がついて授業が行われている。

市の直接雇用ではない四人の募集に応募した派遣会社には、プロポーザル方式（公募などで応じてきた複数の会社から目的に合致した企画を提案してもらい、その中からふさわしいと判断した会社を選ぶ方式）での採用方式が取り入れられている。その結果採用された派遣会社がインタラックであった。

インタラックで採用された四人は、小学校一三校に配属され、ここも授業時数や通勤時間が均等になるように配慮して、各学級の担任がついて授業が行われている。

二〇二〇年度から文科省は小学校に英語を教科として導入した。小学校三、四年生では週一回（年間三五時間）で「聞く」と「話す」が中心になる。小学五、六年生では「読む」と「書く」が中心で、授業時数も三、四年の倍になる。

しかし、日向市では先駆的な実践の経験を持つことから、小学一年生からの「英会話」授業を今後ともに続けていくという姿勢である。

電話取材に応じていただいたこの男性はサイエットをご存じだった。その時サイエットはすでに西都市の学校に勤めていたのだが、日向市の学校で何かの行事があった時に、わざわざ学校に様子を見に来たそうである。それで覚えているという話だった。「真面目で熱心な先生です」が、その方の評価だった。

また西都市（人口約二万九〇〇〇人）教育委員会では、初めＪＥＴでＡＬＴを雇っていたが、そうするとやってきたＡＬＴが、日本語がしゃべれず日本の子どもたちとの交流が難しい、多くは新人であり経験が不足している、住宅の世話をしなければならない、銀鏡《しろみ》のような東米良《ひがしめら》の学校（西都市役所から銀上《しろかみ》小学校までの距離は三五・五キロメートル）に送るための自動車を手配しなければならないなどの問題が出てきて、一三年前からインタラックに頼るようになったという。

六年前からサイエットは新しい派遣会社アウルズに移った。小学校九校、中学校六校、合計一五校でＡＬＴの授業が行われている。ただ、西都市の学校数の数え方は難しい。単独の小学校五校と単独の中学校三校、合計八校があるほか、小中一貫の小中学校が三校あり、小学校の分校が一つ（現在休校中）ある。それで校長数は一一人という。

一一人の校長数を数える一一の学校に、ALT四人が派遣され、授業計画は市の教育委員会が作るが、誰をどこに配置するかはアウルズに一括しておまかせしている、ということだった。

電話の応対をされた女性も、サイエットのことをご存じだった。サイエットはアウルズにヘッドハンティング（引き抜き）されたのだが、それは六年前のことだったので、西都市教育委員会が契約会社をアウルズに替えたのと同時期である。このように、サイエットは誠実に仕事をして実績を積み重ねていった。

イスラーム教徒の墓地《ぼち》問題

サイエットと接することで、思いがけずイスラームの文化が身近になった。以下に、そのいくつかを書き留めたいと思う。

わたしは知らなかったが、イスラーム教徒が亡くなったら、その遺体は必ず土葬される。死者が出たら、遺体を洗い、白布で遺体を包み、葬送の礼拝を行い、墓場に行って、墓穴の中に死者の顔が聖地メッカを向くようにして横たえる。墓は、五フィート（約一五〇センチ）の深さで掘られ、その底部に窪みを掘り込み、その窪みに遺体が置かれる。

永続的な墓を作ることは認められていない。墓は質素な土盛りにし、墓地であることをしるす適当な墓石が置かれる。祭壇や位牌のような偶像崇拝の対象になるようなものは作らない。

サイエットと仁太夫婦は、ムスリム（イスラーム教徒）である。彼らは、土葬のできる墓地を探している。

この二人と同じ悩みを抱えているもう一組のご夫婦がいる。日本人の夫である前田淳さん（元宮崎国際大学教授）とその妻のエジプト人、サナーさんである。この夫婦も宮崎市内に居住している。前田夫婦には二女一男がいる。名前は、イスラームに由来する言葉と日本的な漢字とが組み合わされていて、まさにエジプトと日本の結晶である。

サナーさんの父親は、六年ほど前に、エジプトから来日中に急病となり死亡されたが、大分県別府市のカトリック教会の墓地に埋めてもらったという経験をされている。墓標も残っているという。年間三〇〇〇円の管理費を支払っているらしい。

パキスタン人で日本国籍を取得したカーン・タヒル氏が、大分県日出町《ひじまち》にイスラーム教墓地八〇〇〇平方メートルを一〇〇〇万円もせずに買い取った。日出町のトラピスト修道院の近くである。

二〇二〇年一〇月二五日、毎日新聞朝刊は一面のトップ記事に「イスラーム墓地」の問題を取り上げた。「土葬に抵抗感　大分で住民反発」という記事である。それによると、別府市の宗教法人『別府ムスリム協会』は、九州初の信者用の墓地を建設しようと二〇一八年一二月、同県日出町に約八〇〇〇平方メートルの土地を購入した。

墓地埋葬法では土葬用の墓地を制限する規定はない。一部の自治体は条例で土葬を禁止しているが、墓地に関する日出町の条例は土葬を禁じておらず、本田博文町長の許可を得られればイスラーム教徒の墓地も開設できる。

この墓地建設用地に対する反対はもともとなかったのだが、ある町議会議員が反対の声を上げ、これに同調して地元民が町に陳情書を出した。「墓地の南側に貯水池があり、土葬をすれば水が汚れる」というのが、その理由であった。これに対して、タヒル氏も、設置を認めるよう申請書を出した。

二〇二一年三月三〇日、前田淳さんは日出町に赴き、反対している町議会議員と話し合いの場を持った。反対派議員は、存外、穏やかな物腰の人であった。イスラームが嫌いなわけでもなく、土葬にも反対ではない。問題は水である。また、事前に一言教えていただければ、という理由も伝えられた。

日出町には「日出町墓地、納骨堂、火葬場の経営に関する条例」があり、タヒル氏の申請は、これをすべてクリアーしている。前田さんが「もし、町長が認めても、まだ反対運動を続けますか」と町議会議員に問いかけると、彼は「うーん」と声を詰まらせ、「住民に反対運動を続ける強い気持ちがあるかどうか、分からない」と答えたという。

前田さんは語る。

「土葬には、自然に帰るという心の安らぎがある。自然の大きな循環に包まれているみたいだ。これに対し、火葬は土には戻らない。ところで、イスラームの墓地は、山口・九州・沖縄に一つあればいいと思っている」。神戸よりも西の地域には、ムスリム用の土葬墓地は今のところ一つもないのである。

さて現在、日本国内にイスラームの墓地はいくつあるのだろうか。また、付記した西暦年は、その墓地に初めてムスリムが埋葬された年を示している。

① 神戸市立外国人墓地（兵庫県神戸市北区） 一八九九年
② 多磨霊園（東京都府中市） 一九三七年
③ 塩山イスラーム霊園（山梨県甲州市塩山） 一九六九年
④ 清水霊園イスラーム墓地（静岡市清水区伊佐布） 二〇一一年

⑤　大阪イスラミックセンター霊園（和歌山県橋本市）二〇一四年
⑥　谷和原御廟（茨城県常総市坂手町）　二〇一四年
⑦　よいち霊園（北海道余市郡余市町）　二〇一六年

①の墓地に初めてムスリムが埋葬されたのは一八九九（明治三二）年である。神戸は古くから貿易港として栄えてきた歴史があり、外国人の居住も多かった。そういう歴史の反映であろう。神戸にはわが国最初の回教（イスラーム教）寺院が昭和一〇年に完成している。

②の多磨霊園は、管理事務所に問い合わせた。開園は一九二三（大正一二）年、面積一二八ヘクタール（東京ドーム二七個分）、宗教は問わないが、土葬になるムスリムの場合は府中市の特別の許可を取って、民家から六メートル以上の距離があることを条件に認められているという。外国人専用の墓地があるようである。一九三七年は昭和一二年である。

③は、日本ムスリム協会が管理・運営する霊園である。日本ムスリム協会は、一九

五二年に設立され、一九六八年に宗教法人として認可され登録された宗教法人である。その本部事務所は東京の品川区東五反田にある。

④は、静岡県静岡市清水区にあって、新東名高速道路の高架部分の下にあるが、基本的には山の中と言っていい場所である。

⑤和歌山県橋本市にムスリム墓地があるが、その管理運営を担っているのは、大阪市西淀川区中島にある大阪イスラミックセンターである。

⑥「谷和原」は「やわら」と読む。この墓地は民間の運営であるため、宗教を問わずに受け入れているのだろう。

⑦北海道小樽市の西方にある余市町の霊園である。民間の墓地であるが、ムスリムの土葬墓地も受け入れている。

早稲田大学の店田《たなだ》廣文《ひろふみ》氏の研究論文によれば、二〇一三年で、アジアの全人口約四三億人のうちムスリム人口は二五・一パーセントを占め、アフリカの全人口約一一億人のうちムスリム人口は四一・七パーセントを占めて、この二大陸で全世界のムスリム人口の実に九七パーセント近くを占める。

また、同じく二〇一三年で、日本の全人口約一億二七〇〇万人のうちムスリム人口は〇・一パーセントの一二万七〇〇〇人である、としている。

日本での土葬への理解が進まない現実には、イスラーム教徒人口の圧倒的な少なさがあるのかもしれない。しかし、同じ日本国に住みながら、一定のルールに従って土葬を認めている霊場もあるのだから、機会不均等ではいけないような気がする。

ラマダーン（断食月）

暦にはいくつもの種類があるが、大まかには太陽暦、太陰太陽暦、太陰暦と分けられる。

イスラーム暦（ヒジュラ暦）は、月の運行のみを基準にした純粋な太陰暦である。

月の運行は、朔（新月。見えない）↓上弦（の月）↓望（満月）↓下弦（の月）↓朔と一巡するが、この一巡に要する時間は二九・五三〇日である。太陰暦でも一年は一二カ月であるから、二九・五日×一二＝三五四日となり、一年を三六五日とする太陽暦とは一一日の差が出る。

なお、ヒジュラとは、預言者ムハンマドが聖地メッカからメディナへヒジュラ（聖遷）したことをいうが、その聖遷の日の西暦六二二年七月一六日を、ヒジュラ暦の紀元元年一月一日とするのである。メディナはメッカの北約三五〇キロメートルに位置し、当時はヤスリブと呼ばれていた。

しかし、太陰暦は太陽暦との違いをそのままにする。二年目には二二日の違い、三年目は三三日の違いが出る。三三日の違いはひと月分を上回るが、これもそのままにされ、閏月を設けたりしない。

この違いは何を意味するかと言えば、太陰暦では季節が移動するということである。季節は太陽の運行をもとに決まっていくから、例えば三月、四月なら桜の季節、九月なら台風の季節というようないわゆる季節感があるが、イスラーム暦では、同じ一月でも一六年も経てば、一月は冬だったのが夏になるというような変化が出て、三三年も経つと、もとの冬に戻るという変化が出てくるのである。

砂漠のような乾燥地域が多いイスラーム教の地域では、日本にいる場合のような季節感はなく、むしろ夜に出てくる月への思いが強かったのではないだろうか。

断食をするというラマダーンの月は、イスラーム暦の九月である。九番目の月という意味である。前述したが、この月に、イスラーム教の戒律である五行、すなわち信仰告白（シャハダ）・礼拝（サラート）・喜捨（ザカート）・断食（サウム）・巡礼（ハッジュ）の五つがある。九番目の月に、その五行の一つである断食を行うのである。

イスラーム暦では一日は日没に始まるから、二〇二一年のラマダーンは次のようになっている。二〇二一年四月一二日（月）夕方から五月一一日（火）夕方までがラマダーンである。つまり、サイエットにとっては、二〇二一年五月一日はその最中なのである。

日本に二六年いるサイエットにとっては、ラマダーンの季節はまだ一巡していない。

ラマダーンの期間の日中は一切の飲食が禁止される。水もタバコもだめである。ただし、日の出から日没の間が飲食禁止とされ、日没後は飲食ができる。

サイエット自身は、八歳の時からラマダーンを始めたから、もう四三年間続けていることになる。しかし一般的には、中学校に行く年代（一三歳）になって義務化される。

日没からラマダーンが始まるが、その時の特別な祈りがあって、それをタラウィという。これは二時間くらいかかる祈りで、二〇時に始めても二二時くらいになる。タラウィのあとで食事をすることになる。今年のラマダーンの期間中に、サイエットは午前三時に食事を取り、午前五時に起床したというから、睡眠時間は二時間だけである。日本人の生活にはラマダーンへの配慮はないので、仕事は八時半頃から始められるが、イスラームの国では仕事始めは一〇時からになっている。

また、日本人には食事の際に特別に避けなければならないことは何もないが、ムスリムの場合は、酒と豚はタブーである。日本食には、そうとは見えないところで豚の肉や豚の油、豚のスープが混じっていることが少なくないので、そこには神経をとがらせて注意することが必要である。

また、ラマダーンが終わる時は、自分や家族が、貧しい人に対して喜捨（ザカート）をする習わしがある。しかし、これは日本では難しいのではないか。サイエットは一人一五〇〇円ほどの金額を、家族の人数分エジプトに送るということをしているが、四人家族であれば六〇〇〇円の金額を送ることになる。しかしかえって、その手数料の方が高い結果になるのだそうだ。

喜捨（ザカート）のこと

ユミサンは、この原稿を書いている最中に、わたしの記憶からは抜けているある話をしてくれた。二六年前のアブシンベル空港での出来事である。わたしたちはカイロに帰る飛行機を待っていた。

出発までに相当時間があったので、ユミサンはおみやげに絵はがきでも買おうと売店に行った。そこには二〇歳前後の男性がいた。ユミサンは「安くして」と言ったが、男性は「できない」と返事した。男性は「お金持ってるんでしょ?」と言ってきた。そこでユミサンが「日本人みんながお金持ちじゃないよ」というと、その男性の顔がハッとした感じになって、ポケットから七枚ほどの紙幣を出して、そのうちの二枚をユミサンに差し出したのである。

ユミサンは、わたしたちのいる場所に戻ってきて、「あの子がお金をくれた。でも、わたし、要らないと言ったんだけど」と言った。わたしはこれを聞くと、怒って「返してこい。こちらの人たちの暮らしの様子を考えると貰えるわけないだろう」と言ったらしい。ユミサンは男性に、「これは貰えません」と紙幣を返したが、男性はすぐには受け取らなかった。しかし、「わたしは大丈夫だから」と言って、なんとか受け取ってもらった。ユミサンは、それから、その男性の言うとおりの値段で絵はがきを買った。

その男性には、良識的な考えが働いていたのだろう。「お金がない」ということを、本心で受け止め、喜捨をする立場にあるのは自分の方だと考え、ユミサンにお金を渡したのである。

敬虔なイスラーム教徒であろうとする若い男性は、イスラーム教の信仰を守るためにユミサンに「お金を渡す」という行為を取ったのである。その精神は、最近の日本人青年にも考えてもらいたいことである。

イスラーム社会では、喜捨は自由意志で行うお布施である。「とくに、金曜日の昼や午後の集団礼拝のあとではおおくの人々が喜捨をする」「ザカートは貧者や寡婦、孤児、病人、老人などの救済のために用いられる」（『イスラームの生活を知る事典』）のである。

最近のエジプトの変化

二〇一一年のエジプト革命と二〇一三年エジプトクーデター

第一章に出てきたムバラク大統領は、長い間、独裁政権の座にあったが、ついに二〇一一年二月、その政権が崩壊し、ムバラクは追及される身となった。

これは、いわゆる「アラブの春」と言われる出来事の一環をなしている。それは、チュニジアのジャスミン革命に始まった。二〇一〇年一二月のことである。

チュニジアの二六歳の青年は、失業中に無許可で果物や野菜の販売を始めた。警察官がこれを見とがめ、商品とはかりを没収し、没収品の返還と引き換えに賄賂を要求した。これに抗議するため、一二月一七日、彼はガソリンをかぶって焼身自殺をした。

翌二〇一一年の一月三日、チュニジアの青年たちや一般民衆は、首都チュニスで立ち上がり、それまで独裁的な権力を保持していたベン＝アリー大統領を辞任に追い込んだ。これがジャスミン革命である。ジャスミンはチュニジアで最も普通に見られる花の名前である。

この火の手は、エジプトにも波及した。国内には広がる貧富の差、高い失業率のもと、民衆の不満が鬱積していた。二〇一一年一月中旬から下旬にかけて、チュニジアと同じような焼身自殺がカイロやアレクサンドリアでも発生し、ついに一月二五日に大規模な反政府デモが発生した。しかし、ムバラクはなかなか退陣には応じなかった。国内では親政府派と反政府派との争いが生じ、衝突が起こった。

二〇一一年二月一一日に行われたデモには、エジプト全土でおよそ一〇〇万人が参加し、軍の幹部が軍服を脱いでデモに参加する事態にもなった。ムバラクはこれを見て、全権をエジプト軍最高評議会に委譲し、一家は紅海に面するシナイ半島突端の保養地シャルム・エル・シェイクに移動した。ムバラク政権の崩壊である。

エジプトでは、軍最高評議会の暫定統治が続いた。この間、ムバラクは裁判にかけられ、二〇一一年六月には終身刑の判決が宣告された。しかし、二〇一三年、エジプト最高裁は裁判のやり直しを命じ、二〇一四年には公判棄却の判決が出され、事実上無罪となり、さらに二〇一七年には最高裁のやり直し裁判で無罪が言い渡された。ムバラクは二〇二〇年二月二五日、九一歳で死亡した。つい最近まで生きていたのである。わたしが初めてエジプトに行った時、ムバラクが独裁的な政治家であるとは全く知らなかった。

しかし、ムバラクは大の日本びいきだったらしく、日本人を厚遇した。

二〇一二年六月三〇日、自由に行われた大統領選挙の結果、当選したのは民間人のムハンマド・ムハンマド・ムルシー・イーサー・エル＝アイヤートである。しかし、ムルシーは、二〇一三年七月三日、自分が任命した国防大臣のシーシー（アブドルファッターフ・アッ＝シーシー）により、大統領を解任され、拘束された（二〇一三年エジプトクーデター）。軍の既得権や影響力を弱めようとするムルシー政権の政策、ジャーナリストへの抑圧で国民の支持率も下がったことなどが、クーデターの要因と見なされている。

サイエットは、二〇一一年二月、「アラブの春」が起こった時（ムバラク独裁政権崩壊）は喜んでいたが、二〇一三年のエジプトクーデターに失望。自分が死ぬまでにエジプトの民主化は無理だと考え、大好きな日本の国籍を取得することにしたのである。

サイエットの本名は、サイエット・モハメド・サイエット・モハメド・エル＝シェリーフである。最後のエル＝シェリーフが日本でいう名字（姓）であり、最初のサイエットが自分の名であり、二番目のモハメドは父の名、三番目のサイエットは祖父の名、四番目のモハメドが曽祖父の名である。

第一章で「エジプトには名字はない」としていたが、実はあった。サイエットの父の名は、モハメド・サイエット・モハメド・ナセルディン・エル＝シェリーフである。

エジプトのこういう名前の仕組みは、宮崎市役所ではどうしても分かってもらえなかったらしい。結局、サイエットの日本における名前は、姓がサイエット、名がモハメドということに落ち着こうとしていたが、次に書く事情で、サイエットはある決断をした。

二〇一五年二月一日、ＩＳＩＬ（過激派組織イスラーム国）は、日本人である後藤健二さんと湯川遥菜さんの殺害映像を公開した。「あいつら（ＩＳ）はイスラーム教徒ではない。ただのテロリストだ」と激しく非難したのは、サイエットであった。彼は自分の戸籍上の名前を「健二・サイエット」（日本風に言えば「サイエット・健二」）にしたのである。サイエットが日本国籍を取得したのは二〇一五年三月四日で、後藤健二さんの殺害映像公開からわずか一カ月後のことだった。

妻すなわち仁太の名前もサイエット・仁太（仁太という名前はあくまでもこの原稿上での表現である）となった。二人には一男・一女の子どもがいるが、子どもたちはもう成人している。

新首都と大エジプト博物館の建設、カイロ国際空港の近代化

軍人出身のシーシーは二〇一四年の大統領選挙に当選し、二〇二二年の現在も大統領の座にある。この間、以下に示す三つの大規模開発事業に取り組んでいる。シーシー大統領が現在進めている事業とは、新首都建設、大エジプト博物館建設、カイロ国際空港の近代化などの巨大プロジェクトである。

新首都の建設

現在の首都カイロは人口が約九七〇万人であり、交通渋滞や大気汚染が深刻化している。そこでカイロから東方約五〇キロメートルの砂漠のど真ん中に、新首都の建設が進められている。カイロの東部に、ニュー・カイロ・シティという区域があり、さらにその外側に新首都の予定地域が広がっている。スエズ運河南端の街スエズと現在の首都カイロとのほぼ中間といっていい地域である。

二〇一六年四月に工事が始まり、二〇一九年三月の段階で、オフィスビル、ガソリ

ンスタンド、ビジネスセンター、ショッピングセンター、住宅などの建設が進み、首都の近くには大型発電所が新設され、ホテルはすでに営業を開始している。この時、日本のジェトロ（日本貿易振興機構）はエジプトと経済合同委員会を開催し、エジプトの新首都建設計画に大きく寄与している。また日本以外にも、ロシア、フランス、中国などの国々の支援がある。

人口は五〇〇万人規模、モスクが七〇〇カ所、幼稚園一二五〇カ所、太陽光発電、遊園地が整備され、二〇二一年から移転が始まっている。

サイエットは、新首都には高所得の人々が移り住み、現在のカイロは低所得者層が住むことになるだろうと予測している。

大エジプト博物館の建設

大エジプト博物館（Grand Egyptian Museum）は、カイロの中心部にある現在のエジプト考古学博物館が老朽化しているために、その代替《だいたい》としてギザのピラミッド近くに建設されている。その総工費一四〇〇億円のうち八四二億円余が日本の円借款でまかなわれる。これは総工費の六〇パーセントに及ぶ。

大エジプト博物館の建設には、日本のジャイカ（国際協力機構）が深く関わっていて、保存修復に関するエジプトへの技術移転・エジプト人の人材育成が二〇〇八年から行われてきた。

二〇一六年には、日本とエジプトの専門家が共同で遺物を修復する「大エジプト博物館合同保存修復プロジェクト」が開始された。このプロジェクトは、二〇一五年のエジプト側からの申し出、すなわち「共同で保存修復をしないか」を発端としている。これは日本人として実に誇らしいことである。二〇二〇年一二月二五日には、ジャイカのプロジェクトチームに第二七回読売国際協力賞の賞状と賞金が贈られている。

また、新しい博物館には特別に吉村作治先生に部屋が用意されているという。エジプトの古代遺跡の発掘に貢献した吉村さんならではの扱いであろう。

現在のエジプト考古学博物館に収められているツタンカーメンの「黄金のマスク」「棺」など、古代エジプト文明の遺品が移され、低迷するエジプト観光の目玉となることが期待されるが、世界的なコロナ感染の影響で遅れが出ているように思える。

二〇二一年四月五日の毎日新聞朝刊第六面に、「華やかミイラ大移動」と題する記事が掲載された。ラムセス二世やハトシェプスト女王など著名なファラオ計二二体のミイラが、カイロ中心部のエジプト考古学博物館からギザの大エジプト博物館へと、「引っ越し」をしたのである。引っ越しには、三日の夜、一体に一台の古代王朝風の装飾を施した特別輸送車が用意され、荘厳な音楽や古代風の衣装を着た人々が先導した。

この大移動を動画で見たが、実に華やかで豪華な移動であった。新しい博物館での展示プランを手がけているのは、これも日本人建築家の磯崎新氏であるという。

カイロ国際空港の近代化

二六年前、初めて降り立ったカイロ空港は、建物が古く、砂の匂いに満ちた、いかにも砂漠の中の空港という感じだった。そこで両替したエジプトの紙幣も、からからに干からびて、これからも砂の匂いが立ち上がっていた。古い、汚い、という印象であった。

空港が、カイロ北東一五キロメートルにあるというのは、今も昔も変わらないが、現在、カイロ空港の印象は昔日とは全く異なっている。グーグルマップで見ると、それが一目瞭然である。

グーグルマップで「カイロ空港」と検索すると、その地図と写真が画面に出る。地図には、ターミナル三から延びた二本の駐機場が出てくるが、これでは空港全体を見ることはできないので、かなり引いて、三本の滑走路が見える状態にする必要がある。そうすると、この空港が相当広い面積を持つことが分かる。ちなみに、それは東京国際空港（羽田）の二・四倍で、三七〇〇ヘクタールである。

空港には平行に走る滑走路が三本あり、北から順に（と言っても滑走路自体は北東―南西の方向に走っている）、〇五L・二三R、〇五C・二三C、〇五R・二三Lと名付けられている。L、C、RはそれぞれLeft（左）、Center（中央）、Right（右）なのであろう。〇五の意味はよく分からない。二三も分からないが、R、C、Lはさっきの順とは逆である。滑走路の長さは、北から順に、三三〇一メートル、三九九九メートル、四〇〇〇メートルとなっている。

すべての滑走路にはＩＬＳ（視界不良時にも安全に滑走路上まで誘導する計器進入システム）が設置されている。

滑走路〇五Ｌと〇五Ｃの間には、三つのターミナルが割って入る形になっている。ここが外部との出入り口である。この区画には、豪華でおしゃれなホテルがいくつかあり、まるで保養地である。

カイロ空港の公式ＨＰに写真がたくさんあって、様子がよく分かる。

それらの写真を見て分かることは、清潔、豪華という印象である。砂の面影は全くなく、床はピカピカに磨かれた大理石で、床面は鏡のようにあたりを映し、照明も間接光で柔らかい。壁はガラス張りで、太陽光をよく受け入れていて、明るい。

ターミナルの通路には動く歩道、正式にはオートウォークも設置してあり、随所にいろんな商店が置かれている。

外の道路も完全にアスファルトで覆われ、もちろん砂はない。しかし空港を一歩外に出ると、そこには砂の世界が待っているはずだ。

サイエットの思い

二〇二一年一一月のある日、サイエットから、いろいろと話を聞いた。

サイエットが生まれたのは一九六九年七月一六日で、この日にアポロ一一号が発射され宇宙に飛び立った。そして四日後の七月二〇日に月面着陸に成功した。アームストロング船長が残した言葉「一人の人間にとっては小さな一歩だが、人類にとっては偉大な躍進だ」はあまりにも有名である。

サイエットが四歳の時の一九七三年一〇月六日、第四次中東戦争が勃発した。この時、ＯＰＥＣ《オペック》やＯＡＰＥＣ《オアペック》が原油の価格引き上げやアメリカ、オランダへの原油の輸出禁止に踏み込んだため、先進国を中心に、第一次オイルショックが起こった。

一九九〇年から軍役に就き、普通なら一五カ月間務めなければならないが、おじさんが軍の偉い人だったので、三カ月で済んだ。こういうことがあるように、エジプトの社会は今もピラミッド構造をなしている。イスラーム教の教え、その教えを成り立たせる基本的な考え方は、現代のエジプトよりも日本の方が勝っていると、サイエットは考えている。

前述したが、サイエットは二〇一五年に日本国籍を取得した。このことをエジプト側から見るとどういうことになるのだろうか。その頃、ご存命であった母親はどう思ったのだろうか。

母親は、サイエットの国籍変更を気にとめることはなかった。国籍変更より宗教の変更の方が問題であった。事実、サイエットの妹も、現在アメリカに住み、アメリカ国籍を取っている。

サイエットは自らの国籍変更をわざわざ人に知らせることでもないと思っていたが、友人たちはサイエットの国籍変更を、サイエットが書いたフェイスブックの記事で知ったようである。サイエットはKenji（健二）という名前を使って、フェイスブックの記事を書き始めたのである。今ではエジプトの友人みんなが、サイエットが日本人になっていることを知っているという。彼らも冷静にそれを受け止めているのである。

サイエットの自宅に生徒さんが集まる英会話教室

　サイエットは日本での生活が長く、日本の国籍を取るのは当たり前という雰囲気があり、その後は日本の選挙にも参加している。

　わたしがサイエットの自宅でサイエットとこの国籍の話をしていると、そこにサイエットと英会話を勉強している奥さんたち四人が見えた。わたしが、二六年前に二人の結婚披露宴に参加したというと、皆さんがびっくりされた。自然な形で英会話の勉強会は始まった。日本語交じりの英会話が行き交った。自分の高齢化を語る奥さんが

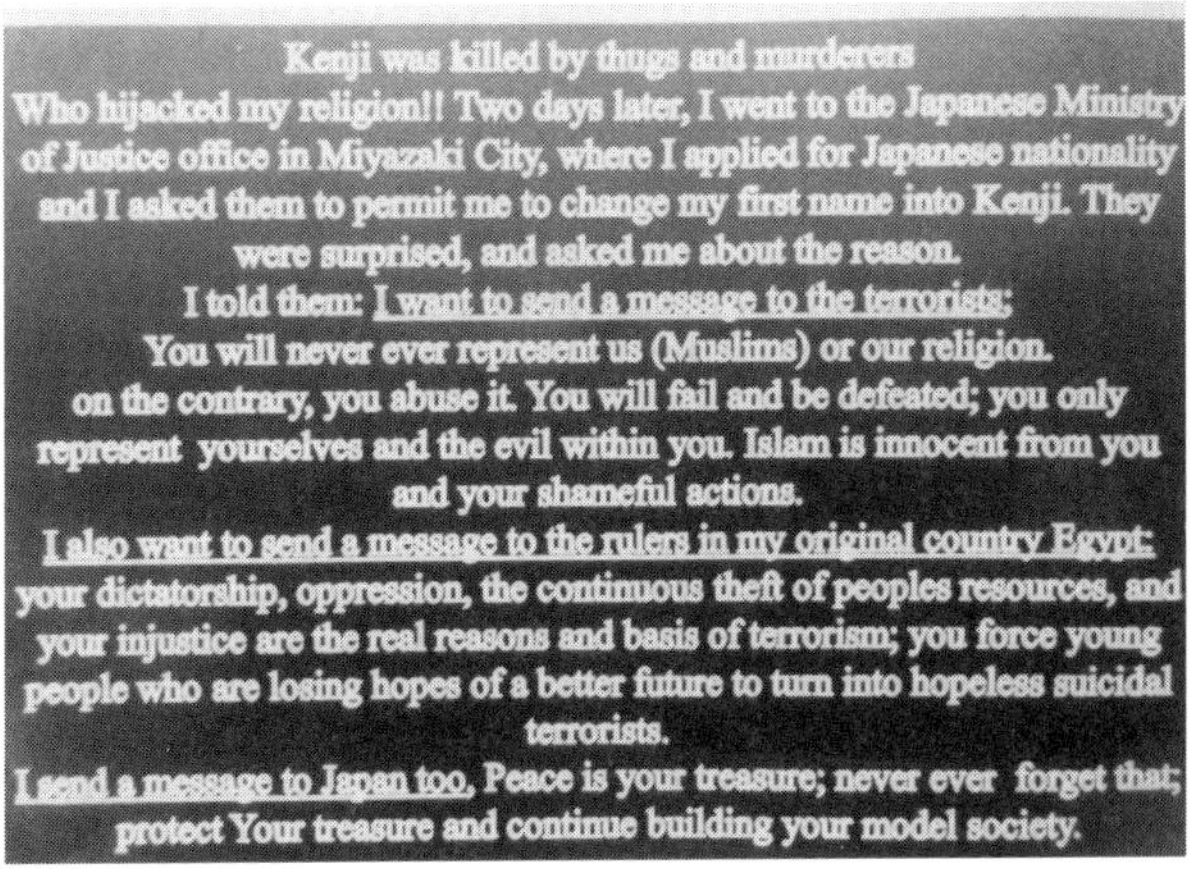
Kenji was killed by thugs and murderers
Who hijacked my religion!! Two days later, I went to the Japanese Ministry of Justice office in Miyazaki City, where I applied for Japanese nationality and I asked them to permit me to change my first name into Kenji. They were surprised, and asked me about the reason.
I told them: I want to send a message to the terrorists:
You will never ever represent us (Muslims) or our religion.
on the contrary, you abuse it. You will fail and be defeated; you only represent yourselves and the evil within you. Islam is innocent from you and your shameful actions.
I also want to send a message to the rulers in my original country Egypt:
your dictatorship, oppression, the continuous theft of peoples resources, and your injustice are the real reasons and basis of terrorism; you force young people who are losing hopes of a better future to turn into hopeless suicidal terrorists.
I send a message to Japan too, Peace is your treasure; never ever forget that; protect Your treasure and continue building your model society.

サイエットが書いた決意表明（1枚目）

おられた。勉強会は、実に和やかに行われていた。

　この日、わたしはサイエットとの約束の時刻を間違えていたので、奥さんたちの勉強会と重なってしまったのだが、サイエットは次の日に時間を改めて取ってくれた。

　その翌日、彼の話は後藤健二さんの話から始まった。彼はまず、ＰＣに自分で書いた英文を見せてくれた。以下はその英文の翻訳で、翻訳は筆者による。原文は一枚目が一七行、二枚目が六行であるが、まずは一枚目。

【筆者訳】健二は、暴漢あるいは人殺

しと言ってもいい人物によって殺された。

　誰がわたしの宗教を乗っ取ったのだ！　二日後、わたしは宮崎地方法務局に行った。そこで日本国籍を申請した。そして職員に、わたしのファーストネームを健二にすることを許可するよう求めた。彼らは驚き、わたしにその理由を尋ねた。

　わたしは彼らに答えた。「わたしはテロリストにメッセージを送りたい」。お前たちは、わたしたちムスリムあるいはわたしたちの宗教を、決してこれからも代表することはない。

　それどころか、お前たちはムスリムを悪用するだろう。お前たちは失敗し打ちのめされるだろう。お前たちはただお前たちだけを代表し、お前たちの中にある悪を代表するだけだ。イスラームは、お前たちやお前たちの恥ずべき行動からは無縁である。

　わたしはまた、わたしの母国エジプトの指導者たちにもメッセージを送りたい。

　あなたがたの独裁政治・抑圧・人々の資産への途切れることのない盗み、そしてあなたがたの不正こそ、テロリズムの本当の理由であり、基盤です。あなたがたは、よりよい未来への希望を失いつつある若い人々を、希望がなく自殺しそうなテロリストに変えようとしています。
わたしは、日本にもメッセージを送りたい。平和は日本の宝です。決してこれからも忘れないでください。あなたがたの宝を守ってください。そしてモデルとなるような社会をつくり続けてください。

一枚目の文章は三者に送られている。テロリスト、エジプト政府、日本である。詩的ともいえるこの文章は、的確である。サイエットは、宮崎大学でシェイクスピアを学んだことからも分かるように、詩や文学が好きなのである。行数のそろえ方にも美的センスがうかがえる。

わたしは思う。この文章が問いかけていることについて、わたしたちは、わが心を無にして、正面から受け止めるべきであろう。突き詰めて考えると、日本もエジプトも課題は同じなのである。そこにこそ、目を向けなければいけない、と強く思う。
それは次の二枚目の言葉も同じである。二枚目は、一枚目より大きな文字で書かれている。

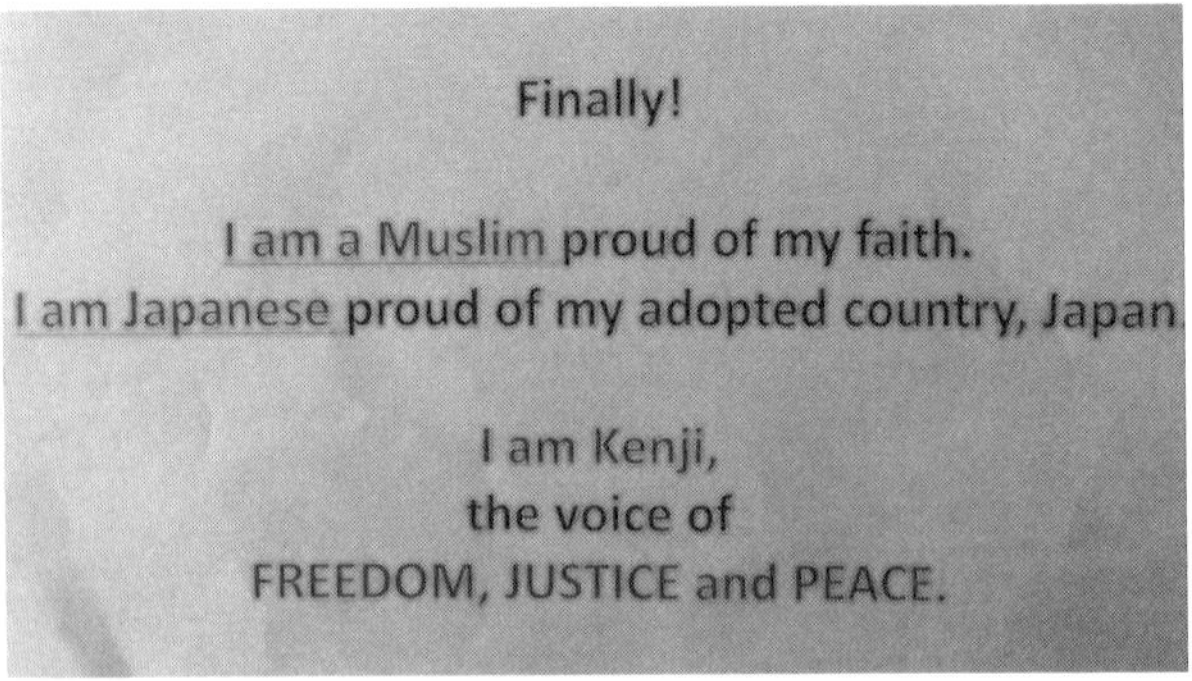

Finally!
I am a Muslim proud of my faith.
I am Japanese proud of my adopted country, Japan.
I am Kenji,
the voice of
FREEDOM, JUSTICE and PEACE.

サイエットが書いた決意表明（2枚目）

【筆者訳】最後に（言おう）！

わたしはムスリムである。わたしの信仰に誇りをもつ。

わたしは日本人である。わたしを受け入れた国、日本を誇りに思う。

わたしは健二である。

声（がする）、自由・正義・そして平和（の声が）。

一枚目の文章の左右対称のそろえ方といい、二枚目の文の詩的な香りといい、サイエットが行き着いている境地の気高さというものを感じる。サイエットは、言葉の本当の意味で「真面目」なのである。仁太は、いい人を見つけたものである。よかったね、仁太。

しかし、ムスリムであって、日本人であるという生き方は、サイエットにとって非常に厳しいものとなるであろう。

たとえ彼が、後藤健二さんの行動に心を打たれ、健二さんの行きざまを自分の中に取り入れると思っていても、ムスリムであって日本人という生き方を選ぶことによって、新しい大きな困難を彼は自分に課したというべきであろう。

彼は、そういう新しい困難を、自ら選択したのである。このことは、彼だけの問題ではない。わたしたち、普通の顔をして生きているわたしたち日本人の、課題でもある。イスラームをどう考えるのか。どう受け止めるのか。

現在、日本が、サイエットの言うほど「自由であり正義が機能し平和を志向している」とは、わたしは思わないが、それでもエジプトの現実よりは「まだまし」ということなのであろうか。

三枚目には、笑顔でビデオカメラを担いでいる後藤健二さんの写真があるのだが、これを掲載することの手続きの煩雑さから、本に載せることは諦めた。しかし、写真の後藤さんは、本心から笑っている顔である。

彼との話の中で、彼の友人の消息を聞くことができた。

わたしのエジプト滞在中、わたしのことを気に入っていたらしいサイエットの友人で、わたしの帰国後にも長い手紙をくれたアリは、病死していた。この話を聞いて、わたしは驚きを隠せなかった。

オクトパスは会計士の仕事で成功し、お金持ちになったが、倉庫が火事になり、脳梗塞を患って、体に麻痺が出ている状態であるという。

わたしたちをサッカラの階段ピラミッドに案内したゴハリは、貿易の事業で成功し、今は世界各地を飛び回っているらしい。

サイエットは今でもこれらの友人たちとよく連絡を取っているらしい。

サイエットは、わたしの持っていた二六年前のアルバムから、いくつか気になる写真があったらしく、それを自分のスマホで写していた。きっと、それをエジプトの友人に送るのだろう。

サイエットは、エジプトのことはずっと心配しているが、今は心配しても変わらないだろうと考えている。大エジプト博物館、新首都建設など建設関係は飛躍的な変化が見られるが、問題は政治体制である。シーシーは大統領ではあるが、「殺人者」とも呼ばれているらしい。表面化してはいないが、クーデターで政権を取った時にかなりの殺戮《さつりく》があったという。

二〇二一年一二月一一日付の毎日新聞九頁に「投獄中記者　世界で二九三人」という記事が掲載された。その中で、ニューヨークに本部を置く民間団体、ジャーナリスト保護委員会が、「当局によって投獄されている世界各地のジャーナリストの数」を挙げている。それによれば、一二月一日現在で中国が三年連続のワーストで五〇人。次いでミャンマー二六人、エジプト二五人、ベトナム二三人、ベラルーシ一九人だったという。エジプトは投獄中の記者が世界で三番目に多い国なのである。サイエットがエジプト国籍から離れたことの背景には、こうしたこともあったのだろう。

日常生活面でサイエットには、日本人の友達と言える人は、サッカーや職場の仲間

仕事中の仁太（喫茶店のお客さん撮影）

にはいるが、気を許せる日本人の友人はいないようだ。困った時は、自分で判断し処理しているという。そういうことは、ままあるということだった。この、生活の仕方は、実はわたしにちょっと似たところがある。

サイエットにとって、一番の友人は仁太である。と、これは仁太の弁である。

そうそう、わたしが非常勤講師を勤めた高鍋高校のあるクラスで、あなたを知っている生徒がいましたよ。わたしが、授業で脱線して「僕は教え子の結婚披露宴でエジプトに行ったことがあるんだ。その人たちは、今、宮崎に住んでいるよ」と言うと、ある生徒が「あっ、サイエット先生だ」と言ったのです。西都市穂北中学校出身の生徒でした。予期しない出来事でした。まさかこんな場所で、あなたの名前を聞くなんて。「えっ、サイエットの授業を受けたの」というのが、わたしの反応でした。

サイエットはムスリムだから、食事で豚を食べないことはもちろんだが、宮崎と言えば「かつお」。かつおの刺身は食べるかと聞くと「食べる」という返事。では、「こんなかつお料理は食べたことがある？」と聞いてみた。

かつおを刺身の切り方で切って、それを、ゴマ醤油に漬ける。ゴマは煎ったやつで、醤油は刺身醤油である。わが家で使う刺身醤油は、宮崎県日南市で作られる独特の醤油で、甘くて濃い味がする。一～二時間ほど漬けて、お茶碗についだご飯に、漬けたかつおを載せ、お湯とかお茶をかけて食べるのである。これはとてもおいしい。サイエットは食べたことがないようだ。一度、食べさせてあげたい。わが家では、これを

「かつお飯《めし》」といっているが、この言い方は家庭によって違うし、作り方も家庭によって異なる面がある。

いつか、わが家で、わが家の「かつお飯」を一緒に食べましょう。

おわりに

サイエットへ

あなたが日本にやってきてすでに二六年が過ぎました。その間に、あなたがた夫婦には二人の子どもが生まれ、育ち、その二人ともすでに成人しました。その間の道のりは決して平坦ではなかったと思います。あなたは、日本での生活にちゃんとした満足を覚えていますか。

あなたは、「日本が好きだ」という純粋な気持ちで、日本で生きていく選択をしたのだと思いますし、来日後一九年経って日本国籍を取得し、しかもテロリストの犠牲になった後藤健二さんの名前を取って「サイエット・健二」と改名したことは、並の感覚ではできないことだと思います。わたしは、あなたが、そういう選択をしたことを大変にすごいことだと思います。

しかし、他方ではまた心配事もあるのです。それは、あなたの仕事の問題です。あなたは、エジプトの大学を卒業し、宮崎大学でシェイクスピアを学び、結婚して二人の子どもが生まれたあとも、イギリスのバーミンガム大学の通信教育を受け卒業した。そんなあなたが、正規職員としての職歴を積み上げることができない状態にあることが、わたしには残念でなりません。

それは、あなたも感じ、考えていることでしょう。

最初に勤めていたのは宮崎市教育委員会でしたが、その時の収入が月一二、一三万円ということは、おそらく時間給だったに違いありません。この扱いは、日本人が非常勤で働くのと同じ待遇でしょう。わたしも、数回の非常勤の経験があります。非常勤とはいえ、授業だけをしていればいいというわけにはいかず、授業の前の教材研究、試験問題作成と採点もこなすことが必要です。

あなたは、自分の待遇の改善を求めて、二つの派遣会社に頼ることになりました。その中で、他の派遣スタッフを指導する立場になっており、その意味では会社に貢献していると言えます。あなたは会社にとってなくてはならない人に成長しています。

考えてみると、あなたとわたしは同業者ですね。教える立場にある人です。わたしは、現職中も忙しくバタバタしていました。退職してから二〇二二年度で一七年目に入っていますが、好奇心が強く、物書きの材料を求めて県内外を動き回っていました。今回改めてサイエットを見ていると、わたしはあまりにもあなたに好奇心を持たずに過ごしてきたように思います。あなたにもっと寄り添っておけばよかった。あなたが、本当に求めていることが何であるかを知っておけばよかった。申し訳なく思います。

六〇歳を退職年齢と考えれば、あなたには、もうあと一桁の数字の年数しか残されていません。これからも仁太と二人で仲良く過ごしてください。仁太も親から継いだ店の店長として頑張っていますから、先には明るい展望も見えてくるでしょう。

日本が好きなあなたが、これからは、もっと日本を好きになって欲しいと思います。わたしも、今続けている原稿書きが終わったら、サイエットとあれこれゆっくり話してみたいものです。あなたはムスリムですから、お酒は飲めませんが、その時わたしは飲んでいいのかなあ。

参考・引用文献

www.y-history.net/appendix/wh1703-121.html　世界史の窓　世界史用語解説　アラブの春

https://ja.wikipedia.org/wiki/エジプト革命_(2011年)

https://www.mofa.go.jp/mofai/press/pr/wakaru/topics/vol187/index.html 外務省わかる！　国際情勢

https://ja.wikipedia.org/wiki/2013年エジプトクーデター

https://www.jetro.go.jp/biznews/2019/05/e23854ee3ffb47aa.html　ジェトロ　ビジネス短信

https://www.sankei.com/world/news/190308/wor1903080014-n1.html　サンケイ新聞　特派員発

新首都建設が進むエジプトの今　鈴木恵美（WEBニューズレター新時代Vol.81）

http://ja.wikipedia.org/wiki/大エジプト博物館

https://www.yomiuri.co.jp/choken-kyoryoku/20201030-OYT8T50078/　読売新聞オンライン

https://www.jica.go.jp/topics/2019/20191225_01.html　ジャイカ　ニュース

https://www.saga-s.co.jp/articles/-508763　佐賀新聞

『世界の空港事典』成山堂書店　二〇一八年

jetprogramme.org/ja/about-jet/　ＪＥＴプログラム

https://www.mofa.go.jp/mofaj/gaiko/culture/hito/sei/jet/index.html　ＪＥＴプログラム

『イスラーム世界事典』片倉もとこ他　明石書店　二〇〇二年

『イスラーム』ジャマール・Ｊ・エリアス　春秋社　二〇〇五年

https://wasegg-com/archives/1013　早稲田政経瀬川ゼミ生のＷＥＢマガジン

www.muslim.or.jp/jma　日本ムスリム協会

https://www.gojyokuru.net/syukatu/other/1654　終活ＳＴＹＬＥ

『改訂版　エジプト　日本語版』ジョバンナ・マージ
『LUXOR ENGLISH EDITION』ジョバンナ・マージ
『郷土資料事典28　兵庫県』人文社　一九九七年
『イスラームの生活を知る事典』塩尻和子・池田美佐子著　東京堂出版　二〇〇四年
『イスラーム世界の基礎知識』ジョン・L・エスポジト著　原書房　二〇〇九年
『図説　イスラーム百科』キャロル・ヒレンブランド著　原書房　二〇一六年
『コーランには本当は何が書かれていたか』カーラ・パワー著　文藝春秋　二〇一五年
『図説　古代エジプト文明辞典』トビー・ウィルキンソン著　柊風舎　二〇一六年
「イスラム教徒人口の推計二〇一三年」店田廣文　二〇一五年

○著作
『東臼杵郡山林事件はいつ起きたか　―明治宮崎　南の受難・北の抵抗―』
みやざき文庫63（鉱脈社・2009年7月発行）第15回日本自費出版文化賞入選作品
『とこしえの森―巣之浦・大平　―若き営林技手　落合兼徳の生涯―』（鉱脈社・2011年9月発行）第22回宮日出版文化賞候補作品
『南半球世界一周一〇二日間の船旅　～第七八回ピースボート わたしの乗船記～』（文芸社・2014年8月発行）
○共著
『みやざき新風土記』（鉱脈社・1980年3月発行）
「畑地かんがい」「台地農業」を執筆
『みやざき新風土記』増補改訂版（鉱脈社・1984年11月発行）
「手づくりの里・綾」を加筆
『角川日本地名大辞典45宮崎県』（昭和61年10月・角川書店）
「トンネル」を分担
『ビジュアル版にっぽん再発見45宮崎県』（同朋舎・1997年3月発行）
「日向市」「門川町」「（旧東臼杵郡）北郷村」を執筆

著者プロフィール

甲斐 嗣朗（かい しろう）

1945（昭和20）年、宮崎市生まれ。宮崎大学教育学部卒業。1970（昭和45）年から宮崎県立高等学校社会科教諭（地理専攻）として36年間教鞭を執る。

2006（平成18）年3月定年退職。宮崎市の自宅書斎を地誌研究室「GREEN GLOBE」と名づけ、調査・研究活動に従事。

日本人になったエジプト人　サイエット

2022年 5 月15日　初版第 1 刷発行

著　者　甲斐 嗣朗
発行者　瓜谷 綱延
発行所　株式会社文芸社
〒160-0022　東京都新宿区新宿1－10－1
電話　03-5369-3060（代表）
03-5369-2299（販売）

印刷所　株式会社暁印刷

ISBN978-4-286-23689-6